Medicina con Símbolos

PETRA NEUMAYER y ROSWITHA STARK

MEDICINA CON SÍMBOLOS

Curar mediante la transferencia de información y la Nueva Homeopatía

Ejemplos prácticos con los signos de Körbler

Traducción de JORGE RUS SÁNCHEZ

edaf

MADRID - MÉXICO - BUENOS AIRES - SAN JUAN - SANTIAGO

2015

Diseño de cubierta: Gerardo Domínguez

Editorial Edaf, S.L.U.
Jorge Juan, 68
28009 Madrid, España
Tel. (34) 91 435 82 60
www.edaf.net
edaf@edaf.net

Ediciones Algaba, S. A. de C.V.
Calle 21, Poniente 3323, entre la 33 sur y la 35 sur - Colonia Belisario Domínguez
Puebla 72180 México
Tel.: 52 22 22 11 13 87
jaime.breton@edaf.com.mx

Edaf del Plata, S. A.
Chile, 2222
1227 Buenos Aires (Argentina)
edaf4@speedy.com.ar

Edaf Antillas/Forsa
Local 30, A-2 - Zona Portuaria Puerto Nuevo
San Juan PR00920
(787) 707-1792
carlos@forsapr.com

Edaf Chile, S. A.
Coyancura, 2270, oficina 914, Providencia
Santiago - Chile
comercialedafchile@edafchile.cl

Julio de 2015

ISBN: 978-84-414-3569-8
Depósito legal: M-21067-2015

PRINTED IN SPAIN IMPRESO EN ESPAÑA

COFÁS, S. A. - Móstoles (Madrid)

Índice

Prólogo

Estimada lectora, estimado lector,

Todavía nos acordamos perfectamente de aquel momento del año 2005 en el que surgió la idea de escribir este libro. Roswitha Stark y yo nos habíamos conocido durante el curso de formación *Praxisorientierten Neuen Homöopathie* (Curación con símbolos y agua) y las dos nos entusiasmamos rápidamente con las posibilidades casi inagotables que ofrecía este método curativo. Roswitha Stark es naturópata y, además de su capacidad como médico, tenía muchos escritos interesantes de su primera época como redactora. Yo provengo del periodismo médico y me he hecho a mí misma muchas veces la pregunta «¿Qué es realmente curar?». Así que fue pura casualidad que nos juntásemos las dos para contribuir con nuestro primer libro a difundir por el mundo las revolucionarias ideas de esta nueva orientación médica.

No obstante, la búsqueda de una editorial idónea para este proyecto no fue tan fácil como habíamos esperado en un principio. Dígame algún editor al que usted le enviaría un libro que tratase sobre medicina de símbolos. ¿Una medicina que se pinta? ¡Basta con dibujar el signo del seno y el dolor desaparece! No hubo casi ningún editor que se tomara en serio nuestra propuesta o que tuviera el valor de adentrarse en un territorio completamente desconocido. Hasta que dimos, naturalmente por casualidad, con nuestro actual editor, Raphael Mankau, quien desde el primer momento se mostró abierto a escuchar nuestras ideas y, sobre todo, ¡tuvo el coraje de editar el primer libro sobre el tema!

Lo primero que hicimos como equipo de autoras fue crear el nombre *Medicina con símbolos;* de este modo queríamos ampliar las ramas de la nueva homeopatía y describirlo al lector de una forma algo más visual. Pero lo que no sabíamos en ese momento era que algún día existiría como marca y que nosotras, con nuestras ideas y visiones, ayudaríamos a consolidar significativamente la Nueva Homeopatía mediante la aportación de nuevos símbolos. Tampoco sabíamos que este primer libro pronto pasaría a ser el «Volumen I» de una serie de temas especializados que le seguirían, como nuestro set de cartas con 64 símbolos.

Escribimos este prólogo a partir de la tercera edición de nuestro primer volumen y ahora podemos echar la vista atrás a estos últimos cinco años tan intensos. Estamos muy agradecidas de haber podido ser «pioneras de las palabras» y de que, gracias a nuestra contribución la Nueva Homeopatía haya logrado el bienestar de las personas, los animales y las plantas de forma independiente a la medicina. Hoy, en la era de la energía cuántica, la medicina de la información es más actual que nunca. Los resultados de las diferentes orientaciones de la Física Cuántica muestran, cada vez de forma más clara, que es la información (oscilaciones) la encargada de organizar y formar la materia. De igual modo se fundamenta la nueva rama científica de la epigenética, hacia la que ya en los años de la década de los ochenta del siglo XX apuntaban las teorías de Erich Körbler: también nuestro ADN funciona casi del mismo modo que una antena; las oscilaciones se envían y se reciben. Así es cómo se comunican los 60 billones de células de nuestro cuerpo, no solo entre sí, sino también con el mundo exterior. Somos un organismo vivo en comunicación con todo y, en este nivel de comunicación, los símbolos, gracias a la información que contienen, pueden emplearse para establecer impulsos curativos en nuestro organismo.

El movimiento en torno a *la medicina con símbolos* se ha vuelto tan grande que ya son muchos los terapeutas que emplean este método, lo extienden o lo combinan con otras terapias existentes. Ya sea por médicos, naturópatas, quinesiólogos o legos —la paleta abarca desde el trabajo curativo con símbolos sobre radiografías, la representación de la familia sobre papel, hasta el lenguaje corporal de los dientes— el uso de los símbolos curativos no parece tener fronteras. Un profesional de la salud visual experimenta con los códigos de barras para mejorar la agudeza visual de su cliente; un naturópata ayuda a niños con TDAH (Trastorno por Déficit de Atención con Hiperactividad) dependientes del Ritalin * a compensarlo con ayuda del agua.

Muchos terapeutas de animales también tratan según este método. El tremendo éxito que hemos obtenido con el Volumen III en

* Nombre con el que se conoce la comercialización de uno de los fármacos que contienen metilfenidato para el tratamiento del TDAH (también Rubifén y Concerta).

el mundo de los animales nos alegra especialmente. La cantidad de reconocimientos, halagos y agradecimientos que, en unos pocos meses tras su publicación, hemos recibido por parte de terapeutas y propietarios de animales nos hace sentir muy orgullosas de haber podido sensibilizar tanto en el tema de los animales.

En este punto también nos gustaría darle las gracias a nuestra formadora, Layena Bassols Rheinfelder, por haber plantado con su charla la maravillosa semilla que estos los últimos años ha florecido. Nuestro agradecimiento también alcanza a todos nuestros maestros, compañeros y amigos que nos han acompañado y ayudado a lo largo de esta evolución. También a los terapeutas que mediante su experiencia adquirida han enriquecido esta rama nos gustaría expresarles nuestro más sentido agradecimiento.

En el anexo de este libro pueden encontrar ustedes interesantes enlaces y direcciones en torno al mundo de la Nueva Homeopatía. También pueden informarse acerca de nuestros seminarios, cursos de formación y ponencias, así como de nuestro blog dedicado a los animales.

¡Les deseamos mucho éxito y alegrías en la aplicación de la nueva homeopatía!

Con todo cariño,

Petra NEUMAYER y Rositha STARK

Introducción

El objetivo de este libro es presentarle, independientemente de que sea usted paciente, terapeuta o lego en la materia, una rama de la medicina de la información energética con sus variados y distintos usos.

El nombre originario de este sistema curativo global se llama «Nueva Homeopatía». Se basa en las investigaciones del científico vienés Erich Körbler (1936-1994) quien redescubrió los viejos conocimientos y pudo finalmente, mediante sus investigaciones, tender un puente entre la medicina tradicional china, los nuevos descubrimientos de la Física Cuántica y la radiestesia.

Él llamó a este sistema curativo «Nueva Homeopatía» porque, a diferencia de la homeopatía, se basa en el principio de curar las enfermedades mediante la transmisión de información.

Le estamos agradecidas a Erich Körbler por haber dado acceso al público en general a estos conocimientos y hacer que el interés por este método curativo sensitivo sea, hoy en día, cada vez mayor. Hay cantidad de terapeutas que utilizan sus conocimientos, siguen investigando, enriquecen la Nueva Homeopatía con sus experiencias o la utilizan junto a otros sistemas curativos. De este desarrollo posterior han surgido distintos nombres como PraNeoHom (curación con símbolos y agua), Terapia de Regeneración Bioenergética, Terapia de Resonancia Sensitiva y muchos más.

La oscilación adecuada es la responsable

Los fundamentos teóricos de los distintos métodos de la medicina de información energética son siempre los mismos: todo oscila. Ya sean piedras, colores, microorganismos, medicamentos, personas o signos geométricos; todo lo que existe tiene una oscilación, envía información y está en comunicación con todo lo demás. Equiparemos a un organismo enfermo con un instrumento musical desafinado: mediante la adecuada oscilación se puede volver a afinar el instrumento en el tono correcto. Exactamente igual es la teoría de muchos métodos curativos que curan mediante la oscilación y la información. Todos ellos tienen como objetivo volver a poner en consonancia un organismo enfermo, ya sea con colores, sonidos, frecuencias, o códigos de barras. De este modo se suprime la desafinación, y en lugar de la disonancia se deja que suene en nosotros la «cuerda» armoniosa de nuestro cuerpo de resonancia.

Este es también el principio en el que se basa la Nueva Homeopatía en la que, con ayuda de signos geométricos, se cambian oscilaciones disonantes. Esto es así porque cada trazo dibujado funciona como una antena y cambia la oscilación existente: cuando estos signos geométricos que funcionan a nivel biofísico se dibujan, por ejemplo, sobre los puntos de acupuntura, desencadenan estímulos indoloros que activan el poder de autocuración. Se habla también de «acupuntura de trazos».

Hace miles de años que se sabe que en los puntos de acupuntura se utilizan agujas. Hoy en día se aplican muchas y distintas «terapias de meridianos» que influyen de forma distinta sobre el sistema de meridianos y los puntos de acupuntura. Por ejemplo, golpecitos en la Técnica de Liberación Emocional (EFT, según sus siglas en inglés), acupuntura con cristales, la colocación del diapasón, o incluso mediante el dibujo de signos geométricos. También sirven las pinturas corporales de los pueblos originarios e indígenas o los tatuajes sobre zonas dolorosas del famoso Hombre de Hielo, Ötzi. Mejor dicho, solo servían para compensar las oscilaciones y así, curar.

Algunas fotos que fueron tomadas con una cámara térmica por el Instituto de Biofísica de Neuss muestran de una forma impresionante el recorrido de los distintos meridianos y constatan el hecho de que el sistema de meridianos no es ninguna invención de las antiguas dinastías chinas, sino algo que, con seguridad, se le podrá demostrar muy pronto científicamente a los escépticos de los métodos terapéuticos orientales.

Los signos geométricos se pueden utilizar también para la preparación de «agua con información». Asimismo, la transferencia de información a través del agua es una técnica muy sencilla, efectiva y económica sobre la que hablaremos en este libro: al beber agua con información es posible informar de manera positiva a cada una de las células de nuestro organismo.

La Nueva Homeopatía y los nuevos métodos y aplicaciones que derivan de ella no son solo para terapeutas profesionales, sino también para gente inexperta; permiten que cada uno se preocupe de forma responsable por su salud y se ayude a sí mismo, sobre todo en casos graves. Así, para aliviar el dolor basta con dibujar sobre la piel con un rotulador un símbolo curativo, algo bueno para una inflamación dolorosa tras la picadura de un insecto es dibujar directamente sobre ella un código de barras.

Lo que resulta especialmente fascinante es el enorme abanico de posibilidades que ofrece su uso y, a la vez, lo fácil que es aplicarla. Mediante la implicación directa del paciente la Nueva Homeopatía fomenta la responsabilidad de este en su propia salud y facilita que nos sintamos más felices con nosotros mismos de acuerdo a las leyes del universo que configuran la vida cotidiana.

Los métodos de la Resonancia Sensitiva se entienden de forma integral: la persona entera (animal o planta) es vista y tratada a todos los niveles, corporal, mental y espiritual. Por tanto, también el comportamiento hacia nuestro entorno, las condiciones de vida (integración social, condiciones familiares y laborales) los factores anímicos, la irradiación (radiación terrestre y estrés ambiental), así como las alergias y los contaminantes desempeñan un papel muy importante en la terapia.

Redescubrimiento de la medicina de la información en la era de la información

Erich Körbler dedicó su obra a explorar y registrar de forma meticulosa el sistema que se esconde detrás de las oscilaciones. Él mismo se veía como un pionero de la medicina holística. Los colegas que trabajaron con él le consideraban un genio. Un genio que se caracterizaba por su creatividad. Körbler no fue solo un científico cuyo trabajo fue reconocido con algunos premios y galardones, también se interesó por el arte y obtuvo un premio como escritor en Venecia. Fue condecorado por el rey de Bélgica con la Cruz por Servicios Distinguidos y EUREKA, el centro europeo de innovación en Bruselas, le otorgó la medalla de oro, por nombrar solo algunos de sus reconocimientos.

No obstante, la contribución más importante que este alegre y, a la vez, humilde investigador ha dejado a la posteridad es la «Nueva Homeopatía». Este sistema curativo se basa en la idea de que cada persona constituye un sistema de información y, por tanto, también puede ser curado mediante información.

La visión de Körbler de un futuro lejano era la de un mundo en el que finalmente las personas pudieran curarse sin necesidad de medicamentos químicos o intervenciones técnicas, sino mediante la transmisión de información. Nosotras estamos seguras: ¡el futuro ya ha empezado!

En este libro le demostraremos a través de explicaciones teóricas, numerosos ejemplos prácticos y relatos de experiencias que nada es imposible.

Acompáñenos en este viaje y aprenda de qué modo usted puede establecer signos positivos para su salud.

PETRA NEUMAYER y ROSWITHA STARK

Parte I

CONOCIMIENTOS BÁSICOS

Todo oscila: campos mórficos & Cía.

Da igual que se trate de piedras, flores, animales o personas; todo lo que existe oscila y envía información constantemente. Nos encontramos en un sistema abierto en el que todo está en constante interacción con todo.

La ciencia clásica parte, sin embargo, de la premisa de que la evolución que se da en la naturaleza está controlada por procesos aleatorios, y cree conocer un universo en el que todo se desmonta en piezas cada vez más pequeñas. El biólogo inglés Rupert Sheldrake es de otra opinión. Con sus investigaciones él ha llevado la cuestión a cómo se organizan los sistemas complejos. No podemos no conocer al pintor de un cuadro en tanto solo analicemos los colores de sus lienzos. El pensamiento que hay detrás, la idea o el concepto de ese cuadro solo podemos comprenderlo cuando estudiamos la totalidad. Para ello Rupert Sheldrake desarrolló la Teoría de los Campos Mórficos.

Campos mórficos

La ciencia conoce los campos gravitacionales o los campos electromagnéticos. Rupert Sheldrake ha añadido la Teoría de los

Campos Mórficos. ¿Qué es lo que hace que árboles independientes pasen a formar un bosque? ¿Se ponen los árboles de acuerdo o existe un enfoque transversal detrás de todo ello? Sheldrake considera que un todo, como puede ser un bosque, se organiza mediante un campo mórfico, ya que el todo es más que la suma de sus partes. Un campo mórfico es un campo que da forma y organiza la materia. Cada organización se corresponde así con un campo. El plano de construcción, el principio de organización, podría describirse también como una memoria colectiva de la naturaleza. Su forma de expresarse es la vibración, la oscilación simultánea de formas similares en el tiempo y el espacio.

Entre el campo mórfico y un organismo existe una constante interacción: se intercambia información. La información es también la que marca nuestras vidas y nuestra realidad, ya que de igual modo nuestras propias ideas, conceptos y emociones generan un campo. Cuando cambiamos nuestros pensamientos y sentimientos también lo hace el correspondiente campo. Por eso también podemos decir: nosotros creamos nuestra realidad; nosotros mismos forjamos nuestra suerte.

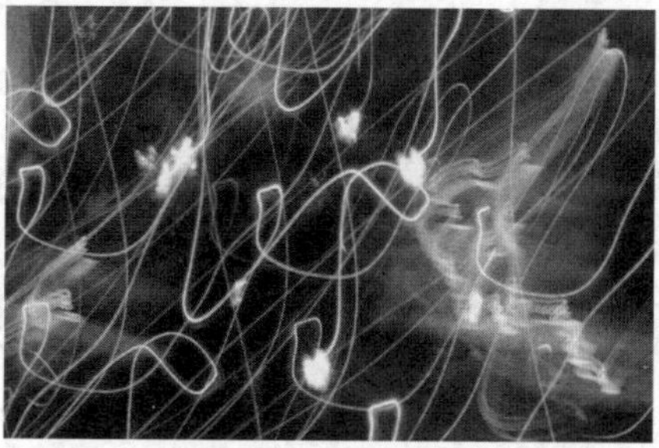

El principio de resonancia

A lo largo de toda nuestra vida nos encontramos en comunicación e interacción con nuestro entorno. Con él intercambiamos permanentemente «información»; se trata de oscilaciones que proceden del exterior y actúan en nosotros, y que también nuestro organismo emite hacia el exterior.

Desde el punto de vista físico, esta teoría se basa en las investigaciones científicas de Le Bon y Alexander Gurwitsch: todo oscila y todo emite. Así, el ADN (ácido desoxirribonucleico), la información genética, actúa en el núcleo de cada una de nuestras células como una especie de «cavidad de resonancia», como antena y emisor a la vez.

Algunas veces podemos sentir estas oscilaciones. Cuando conocemos a una persona, entramos en resonancia con ella: la mayoría de las veces sabemos en un segundo si esta persona nos resulta simpática o antipática; si está en la misma longitud de onda que nosotros o nos produce rechazo.

El principio de resonancia

Si cogemos un diapasón que ha sido golpeado y lo colocamos sobre una mesa junto a otro que no lo ha sido, este último también empezará a oscilar: se pone en resonancia con la frecuencia de las oscilaciones del diapasón y se comporta al mismo tiempo como antena y emisor.

Exactamente de la misma forma sucede con todas las oscilaciones que se topan con el sistema de las personas. Nos ponemos en resonancia con estas ondas. La información individual, que es transportada por las ondas hasta nosotros, determina a menudo la manera en la que nuestro organismo reacciona. Puede que las oscilaciones nos resulten agradables o desagradables. En este principio de resonancia es donde se basan las pruebas de compatibilidad de las terapias de resonancia sensitiva.

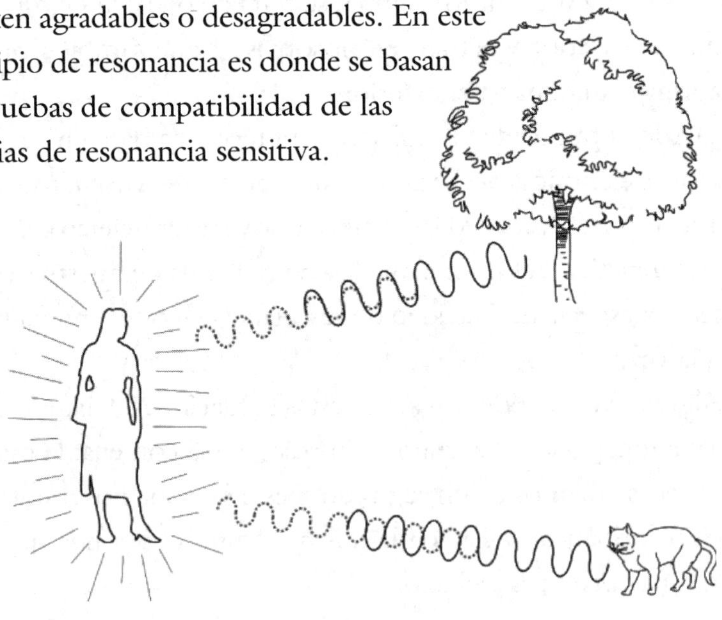

Imaginemos, por ejemplo, que nos encontramos en un campo eléctrico o electromagnético creado artificialmente y que empezamos a sentirnos mal, hablamos entonces de contaminación electromagnética, es decir, de una intolerancia a estas oscilaciones. Por el contrario, las oscilaciones positivas actúan armonizando nuestro organismo y son capaces de activar y fortalecer nuestra capacidad de autocuración.

En el dibujo que se muestra en la página anterior la onda superior (del árbol) tiene la misma frecuencia y una amplitud mayor que la que sale de la mujer. Esta oscilación es muy compatible y fortalece nuestra propia oscilación. Su mayor amplitud no altera su compatibilidad.

Sin embargo, si las ondas tienen distintas frecuencias nuestra propia oscilación se debilitará (aparece una incompatibilidad). Esto explica la onda dibujada en la parte inferior. La oscilación del gato prácticamente se entrecruza con la oscilación de la mujer, algo que para nosotros no es compatible.

Curar con signos geométricos

También los signos geométricos envían oscilaciones. Cuando, por ejemplo, dibujamos símbolos sobre nuestra piel esto, dependiendo de la zona y del tipo de signos, puede alterar las oscilaciones del campo de energía de la persona, mejor dicho, el flujo de energía de los meridianos.

El uso de signos y símbolos geométricos para alterar las oscilaciones energéticas no es ninguna invención de la edad moderna. Los signos jugaban un papel muy importante en todas las culturas, ya que son portadores de mensajes energéticos de una forma comprimida. Pensemos en las pinturas de guerra de los indios y, quién sabe, lo mismo llegamos a comprender el significado del proverbio: «Un indio no conoce el dolor».

Las pinturas corporales se utilizaban por todo el globo, desde los mares del sur hasta África y la India. A pesar de estar separadas en el tiempo y el espacio y sin posibilidad de contacto entre sí, las distintas culturas empleaban formas geométricas similares. Por ejemplo, varias rayas paralelas. Pensemos también en «Ötzi», la momia glaciar con alrededor de 5.000 años. En sus «tatuajes» también se descubrieron rayas y cruces en zonas deterioradas de su cuerpo.

En algunas personas el uso de símbolos puede resultar negativo; este rechazo es muy habitual en los países europeos. Dado que el clero trató de eliminar en la edad media la mayoría de las tradiciones mediante la Inquisición y los procesos de brujas, en nuestra cultura ha habido una carencia de sensibilidad hacia los símbolos desde hace alrededor de 500 años.

¿Supone Ötzi la prueba de que ya por entonces se enseñaba acupuntura?

Eso es, en cualquier caso, lo que piensan los expertos en terapia de meridianos que han estado implicados de forma exhaustiva en el hallazgo de Ötzi, la momia glaciar. Ötzi fue encontrado en 1991 en los Alpes tiroleses, se calcula que vivió hace al menos 5.000 años.

Los 47 tatuajes en forma de rayas fueron medidos y fotografiados en una cámara especial de conservación en Bolzano y, posteriormente, comparados con los puntos de acupuntura de la Medicina Tradicional China (MTC). Los resultados fueron sorprendentes: la mayoría de los puntos se correspondían con los clásicos de la acupuntura. Los expertos en terapias de meridianos creen que eran para tratar a Ötzi por un desgaste en las vértebras lumbares y en las articulaciones de las piernas. Los tatuajes con rayas sobre el meridiano del páncreas, del hígado y del bazo hacen suponer que Ötzi posiblemente sufriera de dolores en el estómago y el intestino. En cualquier caso, los resultados de este examen abren la cuestión de si las enseñanzas de acupuntura tienen realmente su origen en China o más hacia Occidente, en Eurasia.

Al margen de la acupuntura, existen otras enseñanzas y sistemas sobre rayas por las que se conduce la energía y los puntos de energía en el cuerpo, como, por ejemplo, los puntos gatillos de Simon y Travell, las llamadas «zonas de la cabeza» o los puntos de la corriente curativa japonesa. En el yoga y el tantra se conocen los llamados Nadis. En antiguos escritos se habla de que en el cuerpo hay entre 72.000 y 320.000 de estos Nadis.

Curar con signos geométricos no tiene nada que ver con la magia ni la brujería. Se trata más bien de utilizar el conocimiento que tenían nuestros antepasados y que, también gracias a Erich Körbler, hemos recuperado de la memoria de la naturaleza y del campo mórfico. Asimismo, este conocimiento también puede ser explicado hoy en día con los modelos de la Física Cuántica. De este modo el trabajo sensitivo con los símbolos está experimentando un renacimiento. También los kinesiólogos utilizan distintos símbolos para restaurar el equilibrio en sus pacientes o eliminar el estrés.

Existen además otras analogías que muestran la forma en la que los símbolos curativos pueden influir sobre nuestra realidad.

C. G. Jung, mediante su Teoría del Inconsciente Colectivo, ha demostrado claramente que en el campo mórfico hay almacenadas figuras o mandalas arquetípicos o simbólicos.

Los símbolos están omnipresentes: la cruz solar; la cruz de San Juan o cruz de Malta; la cruz de Caravaca; la runa Fehu; la runa Wunjo; la Flor de la Vida.

Un símbolo (del griego *symbolon* = unión) es una figura que, gracias a su poder unificador, siempre puede ayudarnos a establecer una oscilación compatible entre lo sutil (la oscilación que actúa sobre nosotros) y lo que da forma (la enfermedad, el dolor), es decir, entre la conciencia y la materia.

Signos curativos

Erich Körbler fue la persona que redescubrió el patrón que hay detrás de todos los símbolos de las distintas culturas sobre la base de la electrónica y la Teoría del Caos: entre una y nueve rayas paralelas con las que se pueden construir la cruz Griega, la runa de la Vida en forma de «Y» y la forma sinusoidal.

Todos los símbolos empleados aquí, es decir, símbolos geométricos, fueron evolucionando a través de la combinación de simples rayas.

Nos gustaría hablar en detalle de este «código de rayas». En los próximos capítulos verá usted de qué forma emplea la Nueva Homeopatía estos signos y cómo puede usted probar mediante la técnica del tensor qué signos se utilizan en cada caso.

Seno: el signo del retorno

El signo del seno es siempre un signo de retorno: transforma información incompatible en compatible; y a la inversa. Por eso este signo debe ser aplicado con mucho cuidado. Por ejemplo, si aplicamos este signo durante demasiado tiempo, lo positivo vuelve a tornarse negativo.

El signo del seno se puede emplear de distintas formas, no solo en el cuerpo mediante su dibujo sobre la piel, sino también para la «modificación» de toda la información incompatible que podamos imaginar (dolores, enfermedades, creencias negativas, etc.).

Ypsilon, la runa de la Vida: fortalecimiento

La «Y» es un signo que se emplea muy a menudo y que, al contrario que el del seno, siempre actúa de forma positiva: la información incompatible se vuelve compatible, la información compatible permanece compatible y se refuerza. Esta cualidad se aprovecha a menudo en la información con agua para, por ejemplo, reforzar una afirmación positiva. Además, se aplica siempre al final de una transferencia de agua efectiva para estabilizar la información en el cuerpo de forma duradera. La «Y» se aplica rara vez sobre el propio cuerpo y únicamente para dolencias concretas.

En la naturaleza hay muchos fenómenos en los que se puede apreciar el símbolo «Y». Los anticuerpos tienen forma de «Y» y se acoplan a las células para volver inocuas a las bacterias y a los virus. Cuando los árboles crecen en zonas geopáticas críticas, el tronco se divide para esquivarlas.

La cruz Griega: para el saneamiento del hogar

La cruz Griega se aplicaba en todas las antiguas culturas y es conocida como símbolo cristiano. Mediante la elevación de la barra horizontal se convierte en la cruz de la Pasión, o cruz de Penitencia. Sin embargo, solo la cruz Griega con la forma cristiana originaria actúa como protector y blindaje energético. La cualidad protectora de la cruz Griega también ha llamado la atención de los seguros inmobiliarios de Suiza: observaron que las casas cuyas ventanas están equipadas con una cruz Griega son allanadas con menor frecuencia.

Informe basado en la experiencia:

Signos geométricos para las quemaduras y cortes

Petra S. se presentó ante mí con un grave corte. Se había hecho un corte accidentalmente en el dedo corazón entre la primera y la segunda falange de 5 mm de longitud y 3 mm de profundidad. La herida le producía mucho dolor y sentía en ella fuertes palpitaciones. Le puse un apósito y comprobé un Grado 7. Sobre el apósito dibujé un seno de dos trazos. Inmediatamente después de su aplicación, Petra S. relató que el dolor había disminuido. Probamos a llevar el signo durante 7 días y le recomendé que durante este tiempo ella misma se dibujara el signo cuando tuviera que cambiar el apósito. Al cabo de 10 días me enseñó el dedo y me contó que el proceso de curación había sido casi indoloro. La piel cortada se había renovado íntegramente. Cuatro semanas más tarde el corte se había curado por completo y no quedaba cicatriz alguna.

Uwe B. presentaba una seria quemadura en el lecho ungular del pulgar de su mano izquierda y se quejaba de fuertes dolores. La quemadura era de tercer grado y tenía unos 8 mm de diámetro. Comprobé un Grado 7, le recomendé que aplicara un apósito sobre la herida y que dibujara sobre este el correspondiente signo geométrico. El dolor disminuyó inmediatamente. Probamos durante siete días. Al cabo de esa semana, Uwe B. me mostró el pulgar y me contó que el proceso curativo había sido indoloro. La quemadura estaba curada por completo. Tampoco aquí quedaba ninguna cicatriz.

En la medicina de la información la cruz Griega se utiliza principalmente en el saneamiento del hogar; por ejemplo, para resolver problemas de aguas freáticas o zonas geopáticas. Tiene una eficacia protectora; las irradiaciones incompatibles siguen presentes, pero el cuerpo ya no reacciona de forma negativa ante ellas. Casi nunca se aplica como signo curativo que dibujar, no obstante, hay personas que le atribuyen a la cruz una función protectora contra el frío.

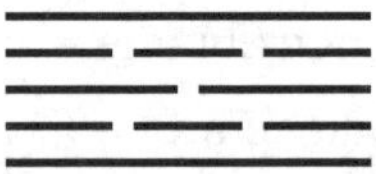

El símbolo de la contaminación electromagnética: disminución de los niveles de contaminación electromagnética

Este signo, que recuerda a un signo del I Ching, está formado por una combinación especial de rayas y se aplica principalmente para la radiación terrestre y electromagnética que pueden verificarse en el punto de acupuntura GV 20, la zona superior de la coronilla. Para «descargar» el cuerpo se debe mirar este signo durante dos minutos. Para eliminar las interferencias de los aparatos eléctricos, como los móviles, basta con pegar este signo sobre el aparato en cuestión.

Informe basado en la experiencia: Dolor de dientes

Hacía un par de días que a mi amiga le venían doliendo los dientes levemente. Era Navidad y me había invitado a comer a su casa. Cuando llegué apenas tenía nada cocinado, ya que, debido al dolor, no podía probar bocado. En realidad, podría haber pasado la noche así, pero pensé que lo menos que podía hacer era tratar de aliviar su dolor. No llevaba conmigo un tensor, así que le dibujé el signo del seno en la mejilla que le dolía. Al cabo de pocos minutos el dolor desapareció casi por completo. Mi amiga pudo disfrutar de la cena, pasamos una estupenda Nochebuena y, gracias al dibujo sobre su mejilla, ella pudo posponer la visita al dentista hasta después de las fiestas.

Informe basado en la experiencia:
Dolores por la menopausia

Karin, de 42 años, tenía desde hacía algunas semanas problemas para conciliar el sueño y debido a eso se sentía agotada durante el día. Realicé el equilibrio de energía para Karen y luego elaboré una lista con las posibles causas de sus molestias. En el punto «Comienzo de la menopausia» comprobé que había un problema. Luego transmití la información «comienzo de la menopausia, problemas de sueño» con el correspondiente código de barras al agua. Además, elaboré para Karin una «orden de curación» con la siguiente información: «¡orden de curación! Equilibrar el nivel hormonal con una «Y», gracias». Comprobé dónde y durante cuánto tiempo debía colocar el papel (en este caso, en un cuadro que tenía ángeles sobre lo que sería la zona del tiroides). Desde entonces Karin duerme profundamente cada noche.

El procedimiento de prueba del principio de resonancia

El dominio del tensor - calibración personal

Para el procedimiento de prueba del principio de resonancia se utiliza una sencilla palmeta o fusta, también llamada tensor. El dominio de esta «moderna varita mágica» es muy sencillo; no hace falta tener conocimientos previos, ni un don especial o similar. Para el mejor comportamiento de las oscilaciones la Nueva Homeopatía ha determinado, a lo largo de numerosos ensayos, el mango y longitud del tensor, y el uso de una bola de madera. Según nuestra experiencia esta palmeta supone, de hecho, un tensor sencillo y eficaz. No obstante, también se ofrecen otros modelos de distintos materiales (por ejemplo, de cristal de roca) y tamaños que también funcionan bien. Los participantes en los cursos para el manejo del tensor deberían probar en cada caso con qué tipo de tensor trabajan mejor.

Para poder manejar correctamente este tensor y saber interpretar la desviación el primer paso es, al igual que con cualquier otro instrumento de medición, calibrarlo. Para ello, los diestros deben coger el tensor con la mano derecha y los zurdos con la izquierda. Ahora, mentalmente y con todo el sentimiento posible se imagina algo positivo; por ejemplo, una puesta de sol, o se puede decir algo positivo o reafirmante como «sí, sí, sí; genial, genial, genial». Lo importante ahora es observar la primera desviación del tensor. Será horizontal o perpendicular. Entonces hay que pensar en algo negativo o desagradable; el tensor se desviará en la dirección opuesta.

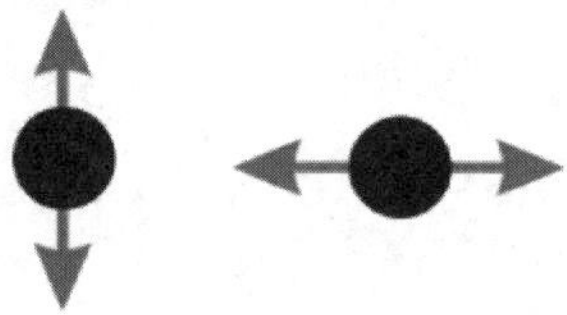

Desviación vertical y horizontal del tensor, respectivamente.

Naturalmente, lo mejor es aprender este procedimiento en un curso, ya que uno recibe muchos consejos para la correcta utilización del tensor, y la práctica y el ejercicio aportan la seguridad necesaria para su uso. Esto es importante, porque es sobre este procedimiento del principio de resonancia donde se asienta el posterior trabajo de la medicina de la información. Para el ejercicio, el objeto de prueba se coge con la mano izquierda (la derecha para los zurdos) o se le señala con el dedo índice. Entonces hay que observar el tensor: este muestra «compatibilidad» o «incompatibilidad», en función de la polaridad se desviará vertical y horizontalmente. Para practicar se puede comprobar la compatibilidad de alimentos, cosméticos, detergentes, agua, etc.

El clásico ejercicio de la manzana

Para los novatos con el tensor, el ejercicio de la manzana resulta ideal. Para ello coja una buena manzana (por ejemplo, una ecológica) con la mano izquierda y examínela. A continuación, con el dedo índice izquierdo, señale una zona podrida de otra manzana. La desviación del tensor mostrará de inmediato una incompatibilidad.

Examinar la capacidad de comprobación

Antes de cada prueba se deben hacer dos cosas:

— Abrirse mentalmente.
— Determinar la capacidad de comprobación que uno tiene.

Ambas cosas son igualmente importantes para conseguir unos buenos resultados en la prueba.

Predispóngase mentalmente a cualquier trabajo sensitivo. Los ejercicios de kinesiología pueden servirle aquí para reducir el estrés y conectar ambas mitades del cerebro. Las meditaciones en las que, por ejemplo, uno se imagina que mediante una ducha de oro elimina todo lo negativo que de algún modo le afecta ayudan a conectar con el universo y a evaluar la prueba. En el trabajo con los pacientes resulta de ayuda crear mentalmente una «imagen curativa» en la que uno, por ejemplo, pasa a través de una puerta abierta para, de este modo, abrirse simbólicamente al trabajo con el paciente. Una vez que el trabajo del terapeuta está terminado, se pasa de nuevo a la imagen curativa y se cierra la puerta.

De esta forma uno puede evaluar su propia capacidad. Esto se lleva a cabo en tres pequeños pasos:

1. Examinar el hemisferio cerebral izquierdo/derecho

Colocar la mano izquierda (la derecha en el caso de los zurdos) a unos centímetros del hemisferio derecho e izquierdo del cerebro de forma consecutiva. Sujetar el tensor de forma relajada con la mano derecha. La punta del tensor debe desviarse en ambos casos positivamente.

En caso de no ser así significa que uno no tiene capacidad en ese momento. Dibujar entonces con el pulgar una o dos rayas desde la coronilla a uno y otro lado. Esto conecta ambos hemisferios cerebrales y hace que tengamos capacidad durante 20 minutos, aproximadamente.

Al realizar la prueba de nuevo, el tensor debe mostrar una desviación positiva.

2. Situación psíquica actual: evaluar la mente

Para evaluar la capacidad de la mente hay que actuar de la misma forma sobre la región occipital. De igual modo, para tener capacidad es necesario que la desviación del tensor sea positiva. En el caso de que esta sea negativa, hay que dibujar dos rayas con el dedo índice desde la coronilla (el punto más alto del cráneo, LG 20) hasta el cuello.

Al realizar la prueba de nuevo, el tensor debe desviarse de forma positiva.

3. Resonancia sistema biológico/entorno: contaminación electromagnética y radiación terrestre

Colocar el dedo índice izquierdo o la palma de la mano sobre la coronilla (LG 20). Si el tensor muestra una desviación positiva significa que uno tiene capacidad. En caso de que aparezca una rotación, significa que hay una contaminación electromagnética. Cuando la desviación del tensor es negativa, esto es señal de que hay una alteración geopática, es decir, una carga producida por la radiación terrestre. Ambas cosas influyen sobre nuestra capacidad de comprobación de forma negativa. En ese caso hay que cambiar de lugar, o bien observar el símbolo de la contaminación electromagnética durante un par de minutos y realizar el examen de nuevo. La desviación del tensor debería entonces ser positiva.

Cuando uno ha evaluado de esta forma su capacidad de comprobación, puede presuponer que este estado se mantiene entre 15 y 30 minutos, aproximadamente.

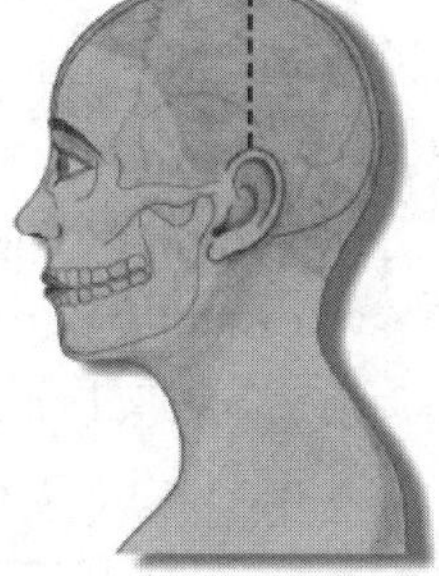

Punto más elevado del cráneo, GV 20.

Evaluar la falta de intención

Es importante evaluar la «falta de intención», ya que las expectativas y la preprogramación pueden influir en el resultado. Esto no solo desempeña un papel importante en los procedimientos de resonancia sensitivos; también es importante evaluar la falta de intención del terapeuta en otros procedimientos de ensayo, como por ejemplo en kinesiología.

En la investigación científica es conocido el fenómeno de que la intención que hay detrás de obtener unos determinados resultados pueda influir en el estudio. Para evitar esto, en las investigaciones con nuevos medicamentos se llevan a cabo los «estudios dobleciego», por ejemplo. De este modo, ni el médico ni el paciente saben si está tomando el medicamento o se trata de placebo.

Para poder evaluar la falta de intención no hace falta que nos vendemos los ojos. Basta con que se relaje y se mantenga imparcial.

De la práctica terapéutica

Un paciente nos cuenta que tiene un problema con los empastes. Sin embargo, no debemos esperar que el respectivo punto de acupuntura dé un resultado negativo. Es posible que este paciente no tenga ningún problema con los empastes y que, de momento, los tolere bien o que exista otro problema que, de momento, permanece subyacente y deba ser abordado lo antes posible. Tal vez el punto de acupuntura se manifieste en la próxima vistita, o es posible que tampoco.

No obstante, hay que reconocer que mantenerse imparcial no es tan fácil. Día a día nos inundan constantemente con información, nuestro cerebro tiene muchos cajones donde descansan ideas preconcebidas, juicios o incluso condenas para cada situación. Desgraciadamente, eso nos lleva muy a menudo a pensar primero y luego observar.

Evaluar la falta de intención significa también, a través de la atención, configurar todas las antenas para trasladarnos a un estado presente: ¡primero observar y luego pensar!

Solo en el Aquí y el Ahora nos despojamos de la forma de pensar esquemática y estamos «abiertos a todo». Estar atentos significa también dejar que las cosas hablen por sí mismas; entonces es posible la mera observación sin valoraciones ni ideas preconcebidas.

Importante: ¡desarrollar la confianza!

En el trabajo con el tensor no solo es importante evaluar la falta de intención; uno tiene igualmente que desarrollar la confianza en los resultados de la evaluación. A quienes les suelen asaltar las dudas a la hora de verificar sus resultados, tienen todavía mucho por trabajar. Aquí, al igual que en otras disciplinas, vale el dicho: la práctica hace al maestro. Naturalmente, a veces también hay motivos para ello. Por ejemplo, a veces, en días distintos se obtienen resultados distintos para la misma consulta, como la intolerancia a alimentos. En esos casos se deben apuntar los resultados y determinar la «tendencia».

El círculo energético: Ampliación de las posibilidades de prueba

Ahora sabemos que todo oscila y que nos encontramos en constante intercambio con nuestro entorno. Para toda influencia, que llega a nosotros desde el exterior, podemos evaluar su compatibilidad o incompatibilidad con nuestro sistema biológico. Pero de momento, lo único que podemos saber es *si* ese alimento, medicamento, piedra o pensamiento es compatible y armonioso para nosotros o *no*.

A quien ya domina el uso del tensor se le abren más posibilidades. Estas personas pueden determinar *lo bien* que toleran ciertos alimentos, *cómo de perjudiciales* son ciertas sustancias tóxicas o metales pesados para su organismo, así como *la intensidad* con la que un pensamiento negativo puede bloquearlos.

Cada oscilación, independientemente de que se trate de un pensamiento negativo o del polen de las flores, tiene su longitud de onda característica y su propio contenido informativo.

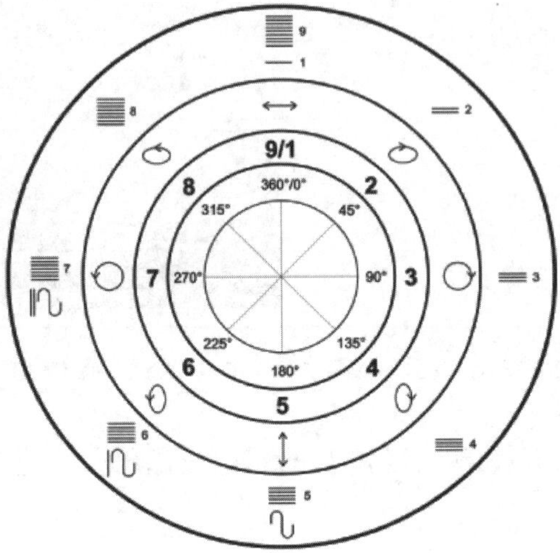

El círculo energético.

Esta información que oscila no puede medirse únicamente según el principio de sí o no, sino también en función de su graduación. Esta graduación la observamos en el «círculo energético».

Este «círculo energético» muestra la compatibilidad o el nivel de gravedad de la carga/incompatibilidad para el organismo en su conjunto, de forma completamente independiente a si la influencia de fuera se manifiesta sobre el organismo (por ejemplo, el polen en los alérgicos) o de si existe un bloqueo interior (sirva de muestra un pensamiento persistente que, en el sentido estricto de la palabra, nos plantee «dolores de cabeza» recurrentemente).

Informe basado en la experiencia:

Protector antimosquitos de vacaciones

Pasé las vacaciones de verano en Corfú; allí por las noches todo estaba lleno de mosquitos... Una vez conté en la habitación de mi hotel entre cuatro y cinco mosquitos y vi que sobre una esquina de la cama había colocada una mosquitera de tela. Dado que el zumbido de los mosquitos en casa siempre me ha molestado para dormir, decidí evaluar el dormitorio en relación con los mosquitos. Escribí en un papel el nombre del edificio, el número de habitación y el término «mosquitos», y para ello dibuje el signo correspondiente y lo coloqué en el exterior de la habitación.

Después, abrí las ventanas y los mosquitos empezaron a revolotear libremente, algunos volaban ante mis narices y podía golpearlos. Luego, mi cuarto se vació de mosquitos. Al cabo de unos seis días volvieron a aparecer de repente en el dormitorio cinco mosquitos. Comprobé el papel, el signo era demasiado intenso. Así que para el resto de las vacaciones utilicé un código de barras algo más débil. De esta manera mi habitación volvió a ser zona libre de mosquitos.

Hay que destacar que el papel solo actuó sobre la habitación en la que colgaba. Con este número de habitación había dos cuartos, una cocina común y un baño compartido. Los otros cuartos recibieron la visita recurrente de los mosquitos. Algunos turistas contaron entre 10 y 20 mosquitos por noche. Los turistas presentaban picaduras en algunas zonas de los codos ya que por la noche los sacaban de la mosquitera. Gracias a mi hoja yo nunca tuve que utilizarla.

Los ocho niveles de la compatibilidad

Para averiguar cómo de compatible o incompatible es una oscilación para nuestro sistema biológico podemos dividir la oscilación del tensor en ocho grados distintos.

— Grado 1

= compatible = estado absolutamente estable.

Este es el movimiento «sí»:

 o , dependiendo de cómo de «compatible» lo haya calificado, la oscilación es horizontal o vertical. (El diagrama del círculo energético muestra en el Grado 1 una oscilación horizontal y en el Grado 5 una vertical. Si en el Grado 1 ha mostrado una oscilación vertical, entonces la oscilación en el Grado 5 es horizontal; estas oscilaciones son, por tanto, intercambiables, todas las demás permanecen igual.) En el círculo, el Grado 1 se muestra con 0º=360º. El signo correspondiente es: 1 raya.

= Grado 2

= carga muy escasa.

El tensor muestra una elipse en el sentido de las agujas del reloj. En el círculo el Grado 2 se muestra con 45º. El signo correspondiente son: 2 rayas paralelas.

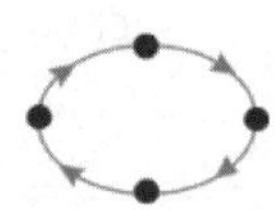

Grado 3

= carga leve.

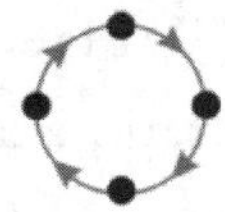

El tensor muestra un círculo en el sentido de las agujas del reloj. En el círculo energético el Grado 3 se muestra con 90º. El signo correspondiente son: 3 rayas paralelas.

Grado 4

= carga media.

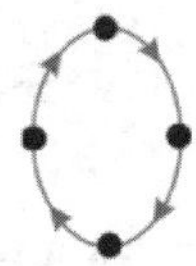

El tensor muestra una elipse en el sentido de las agujas del reloj. En el círculo energético el Grado 4 se muestra con 135º. El signo correspondiente son: 4 rayas paralelas.

Grado 5

= incompatible.

Este es el movimiento «no», la muestra de su incompatibilidad. Si en el Grado 1 tuviera una oscilación horizontal, entonces aquí debería ser vertical. En el círculo el Grado 5 se muestra con 180º,

por tanto, al contrario que el equilibrado Grado 1. El signo correspondiente son, o bien 5 rayas paralelas, o bien el signo del seno.

Grado 6

= carga severa.

El tensor muestra una elipse vertical en sentido contrario a las agujas del reloj. En el círculo energético el Grado 6 se muestra con 225°. El signo correspondiente son 6 rayas paralelas, o 1 raya vertical y el signo del seno.

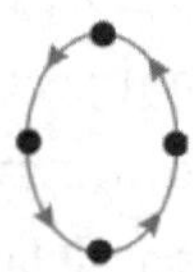

Grado 7

= carga muy severa.

El tensor muestra un círculo en el sentido contrario a las agujas del reloj. En el círculo energético el Grado 7 se muestra con 270°. El signo correspondiente son 7 rayas paralelas, o 2 rayas verticales paralelas y el signo del seno.

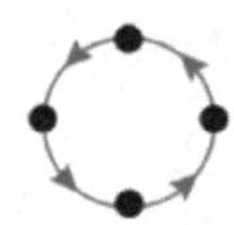

Grado 8

= carga excepcionalmente grave.

El tensor muestra una elipsis en el sentido contrario a las agujas del reloj. En el círculo energético el Grado 8 se muestra con 315°. El signo correspondiente son 8 rayas paralelas, o bien 3 rayas verticales paralelas y el signo del seno.

Observación: el círculo energético es un modelo de trabajo y pensamiento. En la práctica una carga tan grave como para ser de grado 8 no se presenta casi nunca. Aun cuando tuviera que calificar una carga con esta graduación, basta con que se aplique el símbolo de Grado 7, es decir, 7 rayas paralelas o 5 rayas paralelas y el signo del seno, para conseguir el equilibrio energético. Pregúntese: «¿basta con 2 rayas y el signo del seno para conseguir el equilibrio?». Si la respuesta es «sí», significa que 8 rayas, o 3 rayas y el signo del seno podrían sobrecargar al organismo.

Grado 9

El tensor muestra el mismo movimiento y oscila en el mismo sentido que en el Grado 1, tal vez con algo más de fuerza. Aquí se cierra el círculo. Así, del mismo modo que nosotros pasamos por el ciclo de la vida, el fin del círculo es, al mismo tiempo, un nuevo comienzo, la muerte y el renacer. Desde este punto de vista filosófico, es lógico que el tensor en el Grado 9 gire en el mismo sentido que en el Grado 1; 360º = 0º. No obstante, la desviación algo más fuerte indica que nos encontramos en el siguiente nivel de oscilación.

En el círculo energético el Grado 9 se muestra con 360º. El signo correspondiente son 9 rayas paralelas.

En la práctica las 9 rayas tienen la mayoría de las veces funciones especiales, no se utilizan, al contrario que los otros símbolos, para «revertir» las incompatibilidades. Aquí, para entrar en profundidad, sería necesario salirnos del tema principal de este libro.

Debes entender.
Haz de uno dos
y réstale dos
e iguálalo a tres.
Serás rico así.
Quítale el cuatro.
Con cinco y seis,
te avisa la bruja,
siete y ocho harás.
Llegó ya el final.
nueve es igual a uno
y diez no es ninguno.
Esta es la tabla de multiplicar de la bruja.

Ya Johann Wolgang von Goethe, el autor de este poema, sabía o presentía que el 1 y el 9 oscilan de igual modo...

En general, todas las desviaciones del tensor que van en el sentido de las agujas del reloj, es decir, hasta el Grado 4 inclusive, muestran que el organismo (cuerpo, mente y espíritu) está en situación de ayudarse. Dado que todo oscila, algunos bloqueos fluctúan según el «día». A partir del Grado 5 se hace necesario un impulso curativo ya que nuestro sistema biológico normalmente no es capaz de salir por sí mismo de este bloqueo. Todos los movimientos del tensor hacia la izquierda indican la necesidad de un tratamiento.

El círculo energético es, al mismo tiempo:

- *Instrumento de diagnóstico* en el que cada desviación del tensor muestra si la carga se encuentra todavía en la zona verde (positiva).
- *Instrumento terapéutico* que, con el signo correspondiente, pone a su disposición un símbolo armonizador para el bloqueo, y que sirve de distintas formas para impulsar y poner en marcha el poder de autocuración del organismo.

Las rayas, el signo del seno y sus combinaciones alteran por tanto las oscilaciones que se reflejan en nuestro sistema biológico para que puedan volver a ser compatibles de nuevo con nuestro organismo. Lo esencial es que la propia oscilación de nuestro organismo recupere la armonía con las oscilaciones «molestas». Nos hallamos así de nuevo en la misma «longitud de onda».

La práctica hace al maestro

Ejercite el tensor, que aún no domina, con ayuda del círculo energético. Estudie qué nivel de carga se corresponde con la desviación y cuáles son los respectivos signos armonizadores. Por ejemplo: usted recibe un movimiento circular hacia la izquierda. El círculo hacia la izquierda señala un Grado 7. Usted sabe que la carga en el Grado 7 es muy severa. El signo que puede darle el impulso para curarse serían aquí 2 rayas y el signo del seno.

Importante: ¡Fíjese también en cómo plantea la cuestión! ¿Cómo de compatible es esa manzana conmigo? ¿Cómo de grave es la carga que me produce el polen?, etc.

Una vez que domine la técnica del tensor, será capaz de encontrar la combinación adecuada de rayas de forma sencilla. Para ganar mayor seguridad, nosotras le recomendamos que se documente sobre los cursos del tensor o los cursos básicos de Nueva Homeopatía en los cuales se trabaja de forma práctica con el modelo del círculo energético.

Las combinaciones de rayas y el signo del seno pueden aplicarse de muy distintas formas, no solo dibujándolas directamente sobre la piel o sobre los puntos de acupuntura, sino también para «reescribir» (modificar) información incompatible como alergias, enfermedades, micosis, pensamientos negativos, etc. Hablaremos más sobre esto en el próximo capítulo.

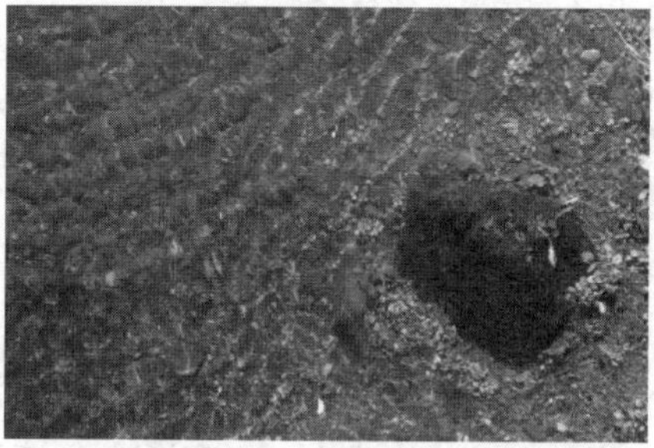

El poder curativo del agua

El agua es la base de la vida. Nuestro planeta está cubierto en un 70% de agua; un bebé recién nacido está formado en un 75% por agua y en los adultos alrededor del 60% del peso corporal sigue siendo agua.

El líquido que se encuentra en nuestras células (agua intracelular) contiene un 90% de agua. Sobre la enorme superficie de nuestros vasos sanguíneos (capilares) más pequeños continuamente se transportan e intercambian sustancias vitales como sodio, calcio, magnesio, cloro o fosfato.

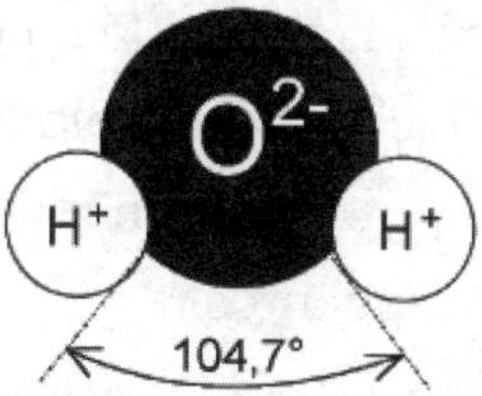

Una molécula de agua.

El agua penetra en todas las células del cuerpo, absorbe calor y, posteriormente, lo emite lentamente y resulta esencial para hacer posible la comunicación entre las células.

Sin embargo, el agua no es solo indispensable para los procesos del organismo,

Agrupación de moléculas de H_2O.

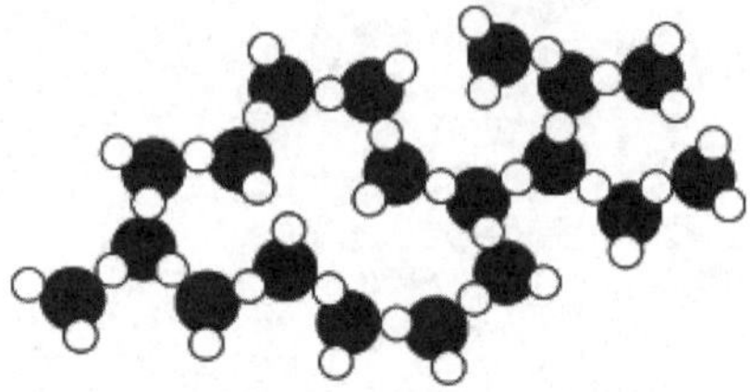

el poder energético del agua influye de forma decisiva sobre los procesos mentales, la capacidad de concentración y para recordar y sobre nuestros sentimientos.

Desde un punto de vista químico, el agua (H_2O) es la unión entre dos moléculas de hidrógeno y una de oxígeno (véase el diagrama). Las moléculas de H_2O pueden unirse entre sí sobre «puentes de hidrógeno» para formar grandes grupos de moléculas; las «agrupaciones», o *clusters* (véase el diagrama).

Los puentes de hidrógeno pueden formarse de innumerables formas. Los últimos descubrimientos de la biofísica muestran que esta capacidad del agua para formar agrupaciones contribuye significativamente a que el agua pueda almacenar información.

Inspirado por el bioquímico estadounidense doctor Lee H. Lorenzen, a mediados de los años 80 del siglo XX el japonés Masaru Emoto empezó a investigar de forma experimental la estructura energética del agua. Emoto fotografió a través del microscopio electrónico innumerables cristales de agua congelada y proporcionó por vez primera indicios impresionantes de que el agua no solo es capaz de transportar sustancias materiales, sino que también reacciona a pensamientos, palabras, imágenes y sentimientos.

Emoto realizó pruebas con agua y música de Beethoven, Mozart o música rock. Le «habló» al agua con diferentes palabras como «amor» u «odio», y observó y fotografió la reacción de los cristales de agua.

El resultado fue «sorprendente»: ante palabras o frases ligadas normalmente a sentimientos negativos (por ejemplo, la frase «Me pones enfermo») los cristales reaccionaban con una estructura caótica y desordenada que recordaba al cáncer. Resulta interesante que los cristales de agua no pudieran mantener su estructura armónica ante la audición de música *heavy metal.*

Por el contrario, cuando se le hablaba al agua con palabras que desencadenan asociaciones positivas como «amor» o «gratitud», formaba maravillosos cristales.

Es indudable que el agua es capaz de recibir mensajes y reaccionar a ellos; por tanto, no solo reacciona ante información de tipo material, sino también ante patrones de frecuencia electromagnética con distinta longitud de onda respectivamente como, por ejemplo, si se tratara de medios homeopáticos o flores de Bach, e incluso sonidos, colores, pensamientos y sentimientos.

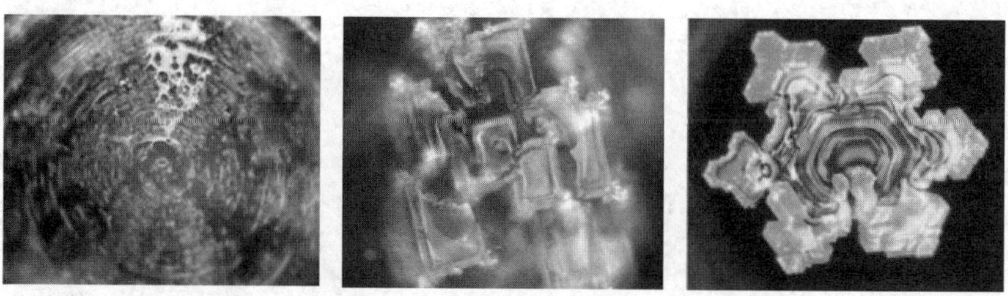

Fotos revolucionarias del japonés doctor Masaru Emoto: los cristales de agua «escuchaban» música heavy, *así como Elvis Presley o Mozart, pero también reaccionaban a pensamientos y sentimientos.*

Transferencia de información curativa al agua

Podemos utilizar perfectamente el poder de almacenamiento del agua para transmitir un impulso curativo a un organismo. También Erich Körbler aplicaba el agua como «medio terapéutico», por así decirlo, como mensajera para poder transportar la oscilación curativa de los símbolos a las células del organismo. Desde el punto de vista químico, las moléculas de agua se mantienen inalteradas durante este proceso de «información», pero la cantidad de información de los cristales de agua cambia por completo, es decir, la disposición de la agrupación. Esto, en definitiva, es lo que determina la «compatibilidad» o «incompatibilidad».

Para transmitir la información curativa utilizamos el «efecto izquierda-derecha»: en la mano izquierda se sujeta la información que desea transmitirse; por ejemplo, para la intolerancia a la leche un papel con la palabra «leche» y el correspondiente signo escrito para revertirla. En la mano derecha se sujeta un vaso de agua. Mientras se imagina que la información vuela desde el papel al vaso de agua, el impulso curativo del agua puede ser absorbido. En la parte práctica (Parte II: Modificar enfermedades) este tema volverá a ser tratado en profundidad con ejemplos.

Otros materiales adecuados para la transferencia de información

El agua pura es el mejor medio para transferir información curativa porque esta última puede llegar más rápido hasta cada célula del organismo gracias a su capacidad de almacenamiento y plasticidad.

Piedras

Para la impresión de información también son muy adecuadas las piedras preciosas y semipreciosas como el cristal de roca, la amatista o el cuarzo rosa, así como los metales como el oro o la plata. Algunas personas saben o perciben de forma intuitiva qué piedras le vienen bien. Si usted no está seguro, debería probar en primer lugar con la piedra o el metal, ya que puede ser que tal medio posea una longitud de onda que sea demasiado fuerte o débil para el portador. En tal caso no tiene mucho sentido almacenar información adicional.

Así pues, antes de realizar la transferencia de información compruebe qué piedra resulta compatible con su organismo. La transferencia de información se produce de igual modo que en la transferencia con agua, es decir, con el «efecto izquierda-derecha». No se olvide tampoco de preguntar aquí, por ejemplo, cuánto tiempo debe llevar la piedra sobre el cuerpo (sobre el pantalón o en el bolsillo), o cuánto tiempo debe tener colocada la pieza de metal bajo la almohada.

Informe basado en la experiencia: Tinnitus

Una vez conocí en un curso a una mujer que padecía una tinnitus que estaba muy relacionada con el estrés que soportaba en el trabajo. Tenía una pequeña piedra grabada con la información sobre su tema psicológico, que debía llevar consigo durante dos semanas. Poco antes de que pasara este tiempo se le cayó la piedra al suelo del cuarto de baño y se rompió en multitud de pedacitos. Después de que su tinnitus mejorara considerablemente, resultó evidente que el signo que había grabado sobre la piedra había terminado su tarea…

Joyas

Para las joyas sirve lo mismo que para las piedras. Pregúntese primero si la joya es la adecuada para la transferencia de información. Igualmente, debe usted preguntarse si es mejor llevar el collar al cuello o tal vez sea mejor elegir una pulsera. Los collares trasladan al instante información de oscilaciones a una zona muy sensible en la que, por ejemplo, el sistema endocrino a través del tiroides y el sistema inmunitario a través del timo, situado sobre el pecho, pueden verse afectados de forma significativa.

Naturalmente, también debe consultar cuánto tiempo debe llevarlo para que la información no se «revierta» y en cualquier momento deje de ser compatible con usted.

Cremas y lociones

Cuando se trata de erupciones en la piel, sequedad o irritación suele ser agradable aplicarse una crema o loción que sea compatible.

Pruebe en primer lugar una crema (si es posible de herbolario) que no contenga añadidos innecesarios como perfume y que usted tolere. Si la crema base funciona, puede usted transferir la información deseada mediante el «efecto izquierda-derecha»; por ejemplo con la palabra «picor» y el signo correspondiente. Naturalmente, compruebe aquí también durante cuánto tiempo resulta útil la aplicación de la crema con esta información.

Gotas sin principio activo

Estas gotas pueden adquirirse en farmacias. Al igual que en la homeopatía, también pueden usarse para transferir información. Es ideal para niños y pacientes que prefieren tomar gotas.

... manzanas, estas enormes gotas *vivas y llenas de agua fueron usadas por un terapeuta cuando aplicaba la Nueva Homeopatía con caballos...*

Borrado de información almacenada

Del mismo modo que se puede imprimir información, es decir, oscilaciones, sobre un portador, también puede borrarse. En la transferencia con agua no es necesario, ya que beberse el agua es muy fácil. Cuando finalmente se lava el vaso con agua caliente la información desaparece.

Sin embargo, la información que se ha grabado sobre un objeto (por ejemplo, una piedra) permanece en ella hasta que usted la borra. Esto suele hacerse cuando el periodo de tiempo que había considerado para llevar a cabo la transferencia de la información ha finalizado. Para eliminarla hay distintos métodos:

Agua

El método más sencillo es poner la piedra bajo un chorro de agua de modo que la información que haya grabada pueda irse. Siempre me parece bonito pensar que la madre tierra recibe gustosa las oscilaciones que yo ya no necesito.

Sal

Las piedras, los metales y las piedras preciosas pueden tornarse en sal gema o sal cristalina. Pero primero pregunte si el material es bueno para ello, ya que algunas piedras y metales no toleran la conservación en sal muy bien. Pregunte asimismo cuánto tiempo debe durar este proceso energético de limpieza. Un buen método es colocar dentro de un cuenco con sal otro cuenco más pequeño con agua en el que se puede poner la piedra o joya durante un tiempo para que se limpie energéticamente. La sal puede cambiarla siempre que quiera, pero el agua debería reponerla cada vez con agua fresca.

Sol

Los rayos del sol tienen un gran poder energético de oscilación. También son ideales para recargar con nueva energía y limpiar. Lo mejor es dejar el material sobre una tela al sol, pregunte cuánto tiempo es necesario llevar a cabo este proceso y compruebe tras este tiempo si la información ya se ha borrado.

Rituales

A quien le gusten los rituales o sea experto puede realizar también un ritual personal para eliminar las oscilaciones de un portador que no son necesarias. Para ello basta una sencilla muestra de agradecimiento, una pequeña ceremonia chamanística (por ejemplo, un ritual de humo), o simplemente: «Muchas gracias, ayuda cósmica, por haberme enviado esta información curativa. Ahora le pido a la madre tierra que tome la información que ya no necesito. Te doy las gracias, madre Tierra».

Imprimir nueva información

La manera más sencilla de borrar la información que ya no se necesita es imprimir nueva información. Para ello basta con «sobrescribir» la antigua información.

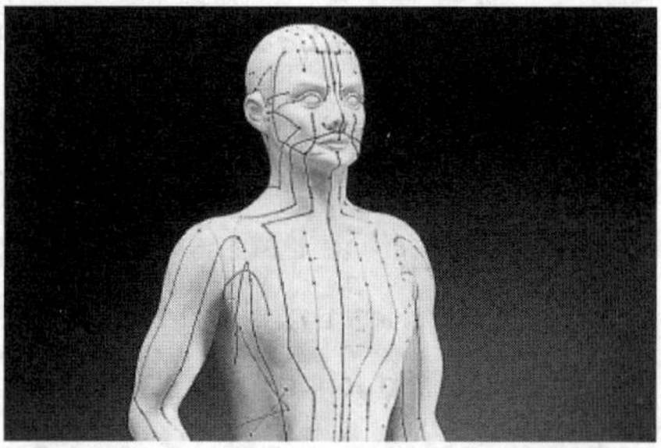

El equilibrio de energía en el cuerpo

Un vistazo a la medicina china

Hemos visto que todo lo que nos rodea oscila y que este movimiento continuo cargado de energía solo es posible porque existe un campo electromagnético entre un polo positivo y uno negativo. Este principio vital es una ley ancestral que las distintas culturas han utilizado desde siempre para explicar filosóficamente la realidad. En la filosofía china esta polaridad se describe con el principio del Yin y el Yang. Es evidente que al pensar en esta polaridad Erich Körbler ofrecía una combinación de sus símbolos y las enseñanzas chinas. Así, al igual que en la Medicina Tradicional China (MTC), la enfermedad depende de un estado de «abundancia» o «vacío» de las rayas energéticas; Erich Körbler también veía la enfermedad como un «desequilibrio del sistema energético» cuyo bloqueo viene determinado por una insuficiencia de energía, es decir, del suministro de información.

Para la armonización/recuperación del flujo de energía, en la cultura occidental son conocidas las agujas que se utilizan en acupuntura como forma de terapia. Sin embargo, la ventaja del «método del código de barras» es que también las personas a las que no les gusta que les pinchen tienen la oportunidad de restaurar el flujo de armonía en los meridianos. La experiencia muestra que los símbolos y los códigos de barras poseen un poder curativo igual de sorprendente sobre las zonas del cuerpo bloqueadas que las agujas de acupuntura.

Informe basado en la experiencia: Eccema atópico

Poco antes de las navidades de 2005 la señora L. entró completamente enervada en la consulta. Las vacaciones estaban a la vuelta de la esquina y le preocupaba mucho quedarse indefensa ante la picazón de la pierna izquierda. El picor le molestaba cada vez más, sobre todo por la noche en la cama.

Ella contaba que hacía años que tenía el eccema y que siempre empeoraba en otoño con hinchazón y enrojecimiento en la pierna. Realicé una exploración en presencia de mi marido (médico de cabecera) y detecté un eccema atópico con congestión venosa e hinchazón. El equilibrio de energía mostraba fuertes bloqueos en distintos puntos de los meridianos y del hígado. Además, el punto de alergia y el de toxina eran muy llamativos.

Sobre la línea de autorreflejo de la columna vertebral se mostraban las vértebras 1, 2 y 3. En este contexto, la paciente se quejó de dolor ciático que aparecía cada vez con más frecuencia. En última instancia visitó a algunos médicos, pero sin obtener ninguna mejoría.

En la prueba de reacción a las principales alergias dio positivo al trigo, al centeno, al huevo, además de a las nueces, a la naranja, así como a algunos tipos de polen como el de avellano y abedul; y además dio positivo a algunos hongos.

Desde diciembre de 2005 a mayo de 2006 se eliminaron las principales alergias y al cabo de pocas semanas no solo desapareció el picor, sino que también disminuyeron el resto de las alergias.

Desde entonces la paciente evitaba el pan de centeno y lo cambió por la espelta; el resto de los alimentos los come de nuevo. Sobre todo, volvió a llevar la joya de plata y níquel que debía evitar antes del tratamiento. Entre tanto, es siguiendo mis recomendaciones como perdió 8 kilos de peso. Tiene las piernas delgadas y sin enrojecimiento. El té metabólico, así como las pastillas de alga y el cilantro ayudan al proceso curativo. El éxito y la rapidez con la que se produjo la curación se deben a la actitud y disciplina de la Señora L. Finalmente, los hongos también han desaparecido; el cuerpo ha recuperado su poder de autocuración gracias al equilibrio energético y los hongos pudieron reducirse en su justa medida.

Al parecer, esto no solo lo sabían los antiguos indios que se pintaban el rostro con símbolos y rayas antes de entrar en batalla, sino también Ötzi, la momia de hielo. Son muy significativas las rayas paralelas y la cruz que se pueden ver en la espalda de este hombre. Körbler veía de nuevo confirmada con Ötzi su teoría de la eficacia de los códigos de barras, aun cuando sus detractores eran de otra opinión.

Antes de entrar en el estudio del flujo de energía en el organismo y su reequilibrio mediante los signos, queremos profundizar un poco en los conceptos básico de la medicina china. Las fases de desarrollo nos muestran muy bien de qué modo está todo relacionado entre sí y lo importante que es dejar que cada elemento ocupe su lugar de manera que no haya nada que predomine.

El principio de la polaridad: Yin y Yang

El taijitu: símbolo del Yin y el Yang.
El punto significa que los polos opuestos siempre están contenidos uno dentro del otro.

El Yin y el Yang son dos polaridades, una pareja que, en apariencia, expresan opuestos. Sin la noche no habría día, y la noche alberga el día que está por llegar. Experimentamos la alegría solo porque también conocemos la tristeza. El Yang es el principio masculino, el Yin el femenino; sin valoración. Una cosa no puede ser sin la otra, ninguna es «cierta» o «falsa». Así, del mismo modo que el organismo masculino también fabrica hormonas femeninas, en el principio masculino existe siempre un germen del femenino y viceversa. No obstante, la polaridad es todo uno.

Ejemplos de Yin y Yang	
YIN	**YANG**
Femenino	Masculino
Materia	Energía
Círculo	Cuadrado
Noche	Día
Luna	Sol
Tierra	Cielo
Invierno	Verano
Principio de recepción	Principio de emisión
Pasivo	Activo
Húmedo	Seco
Interior	Exterior
Reposo	Movimiento
Suave	Fuerte
Inspirar	Espirar
Órgano de almacenamiento	Órgano vacío
Parasimpático	Simpático
Degenerativo	Crónico
Enfermedades	Enfermedades
Etc.	Etc.

Las cinco fases de desarrollo

Junto al principio del Yin y el Yang, de la dualidad y la polaridad de toda existencia, se forma la Teoría de las Cinco Fases, también conocida como la Teoría de los Cinco Elementos y que es la base fundamental del sistema curativo chino. Todos los fenómenos de los seres humanos y su entorno se clasifican en cinco estadios de desarrollo: madera, fuego, tierra, metal y agua. Las cinco fases de desarrollo están sujetas a una dinámica constante: se crean mutuamente, se controlan mutuamente y son dependientes unas de otras. Si un elemento se acentúa, inmediatamente otro se debilita. Un organismo sano destaca porque en él los cinco elementos se alimentan y controlan mutuamente y el organismo (entendido como una unidad de cuerpo, mente y espíritu) se encuentra en un equilibrio armonioso.

El Ciclo Sheng: ciclo de la alimentación

Ninguno de los cinco elementos puede existir sin los demás, un elemento «alimenta» al siguiente. En la filosofía china esto es como la alimentación del bebé a través de la madre:

- La madera alimenta al fuego, porque el fuego necesita la madera para arder.
- El fuego alimenta a la tierra, porque la tierra surge de las cenizas.

- La tierra alimenta al metal, porque el metal proviene de la tierra.
- El metal alimenta al agua, porque en el metal se condensa el agua.
- El agua alimenta a la madera, porque sin agua la madera no puede crecer.

Y así vuelve a cerrarse el ciclo de la vida. Tras una «vuelta» el ciclo de la vida no es algo que esté cerrado. Así, al igual que después de la muerte la vida comienza de nuevo, después del último elemento el ciclo vuelve a comenzar por el primer elemento, en donde cualquier elemento puede ser el primero o el último. Toda existencia es un ciclo constante sin comienzo ni final, y cada elemento es al mismo tiempo madre del siguiente.

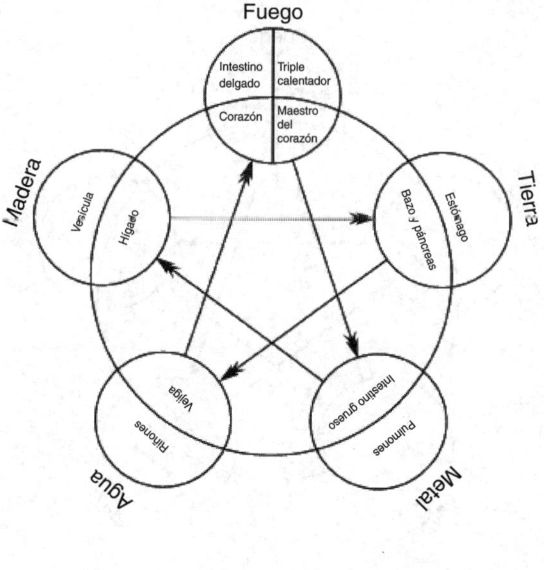

Ejemplo: la madera joven y verde se corresponde con el poder emergente de la infancia. Aquí, lo que queremos es propagarnos y debemos aprender cuáles son las fronteras. Si aquí falta protección, tal vez porque la madre (agua) se encuentra débil, llega la frustración, la energía sufre, la consecuencia es, a menudo, la agresión. Este ánimo se traslada al elemento fuego, en la juventud, donde puede aparecer un estado «acalorado» como la agresividad o una tensión arterial alta.

El ciclo Ko: control

Los elementos madera, fuego, tierra, metal y agua no solo se alimentan entre sí, también se controlan. El objetivo es evitar que un elemento se vuelva demasiado poderoso y pueda así debilitar a otro. En conjunto, debe conservarse el equilibrio de los elementos,

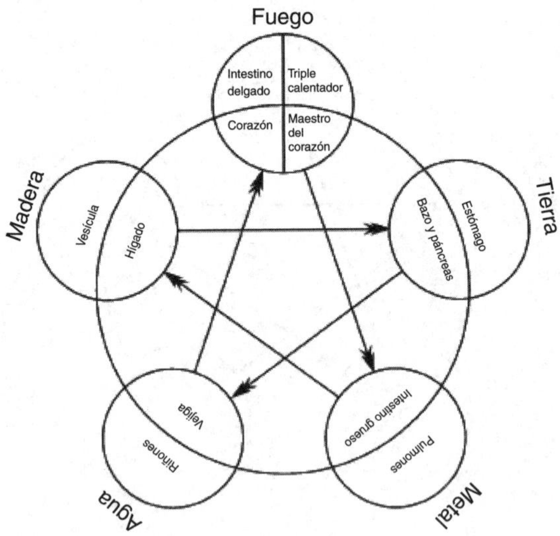

o mejor dicho, recuperarse. En la MTC el ciclo Ko se corresponde con el control que tiene la abuela sobre el niño, ya que en la sociedad china la abuela tiene una función educadora mucho más importante que en la nuestra.

El ciclo de control puede representarse así:

- La madera controla a la tierra, porque con un arado de madera se divide la tierra.
- La tierra controla al agua, porque un dique contiene el flujo de agua.
- El agua controla al fuego, porque el agua extingue al fuego.
- El fuego controla al metal, porque el fuego derrite al metal.
- El metal controla a la madera, porque un hacha corta la madera.

Este ciclo también puede trasladarse al nivel emocional. La ira (madera) controla a la razón (tierra). La razón controla al miedo (agua). El miedo controla a la alegría (fuego). El fuego controla a la tristeza (metal). La tristeza controla a la ira (madera).

El ciclo de dominación

Cuando dentro del círculo de control el «nieto» se vuelve demasiado poderoso, puede suceder que este se rebele contra la «abuela». El control de los elementos se invierte y se dirige contra el «controlador». Este proceso se denomina *ciclo de dominación*. El elemento que debería estar bajo control se vuelve dominante. La tierra domina a la madera, el arado se parte. La madera domina al metal, el hacha se parte. El metal domina al fuego, el metal asfixia al fuego. El fuego domina al agua, esta no basta para apagarlo. El agua domina a la tierra, el dique se quiebra.

La Teoría de los Cinco Elementos describe varios ciclos sobre los cuales se podría profundizar mucho. La esencia de este sistema es que comprendamos que todo está relacionado entre sí, todo en la vida depende entre sí y el exceso o la falta de un aspecto conduce inevitablemente a un desequilibrio que puede afectar negativamente a la interacción global de la fuerza vital. Esto puede suceder a nivel corporal, mental o espiritual. El objetivo de todo esfuerzo curativo es producir un equilibrio del sistema, algo que podemos realizar con el uso de los símbolos en el cuerpo y sobre los puntos de acupuntura.

La descripción de las cinco fases de desarrollo debería proporcionarle una idea de lo importante que es mantener en la vida el equilibrio en todos los niveles, o aspirar a establecerlo. Pero no tema, para la práctica y el uso de los signos de Körbler en el sistema energético del organismo no hace falta aprenderse de memoria los cinco elementos.

Relación órgano-meridiano

A cada elemento le corresponde un par de meridianos (salvo al elemento fuego; 2 pares) que, de nuevo, está formado por un órgano Yin y un órgano Yang. Los «órganos» no están concebidos de igual modo que en el mundo occidental, como grupos celulares anatómicos, sino como unidades energéticas con funciones y efectos concretos que se influyen entre sí. Esta es la razón por la que en la medicina china no existe una anatomía en el sentido en el que existe en la medicina ortodoxa occidental. Junto a los 12 meridianos/órganos, las correspondientes fases de desarrollo están ordenadas, entre otras cosas, según la edad, las estaciones, los colores, los órganos de los sentidos, el sabor y las emociones.

Elemento	Madera	Fuego	Tierra	Metal	Agua
Meridiano	Vesícula (Yang) Hígado (Yin) Más circulación-sexualidad (Yin) Triple calentador (Yang)	Corazón (Yin) I. delgado (Yang)	Páncreas (Yin) Estómago (Yang)	Pulmones (Yin) I. grueso (Yang)	Riñones (Yin) Vejiga (Yang)
Edad	Infancia	Juventud	Adulto	Madurez	Vejez
Estación	Primavera	Verano	Finales de verano	Otoño	Invierno
Color	Verde	Rojo	Amarillo oscuro	Blanco	Azul o negro
Sentido	Vista	Habla	Gusto	Olfato	Oído
Emoción	Ira	Alegría	Compasión	Tristeza, pena	Miedo
Tejido	Músculos, tendones, articulaciones	Vasos sanguíneos	Tejido conjuntivo	Piel	Huesos
Sabor	Ácido	Amargo	Dulce	Picante	Salado

Rayas de Energía: meridianos

El meridiano del hígado (Yin - Madera)

Al meridiano del hígado también se le denomina el «general». Él tiene el alto mando, domina lo que sucede (sentido correspondiente = vista) e imparte órdenes razonables según su juicio clarividente. Tiene la capacidad de elaborar planes, contribuye a ganar energía para el rendimiento corporal (tejidos correspondientes: huesos, músculos, tendones) y fortalece el sistema inmunológico. El hígado también influye en la composición de la sangre.

- *Sensaciones negativas del hígado:* ira, rabia, engaño, pérdida de la perspectiva.
- *Tarea emocional del hígado:* capacidad de hacer que los sentimientos vengan y vayan, no anquilosarse a ellos.

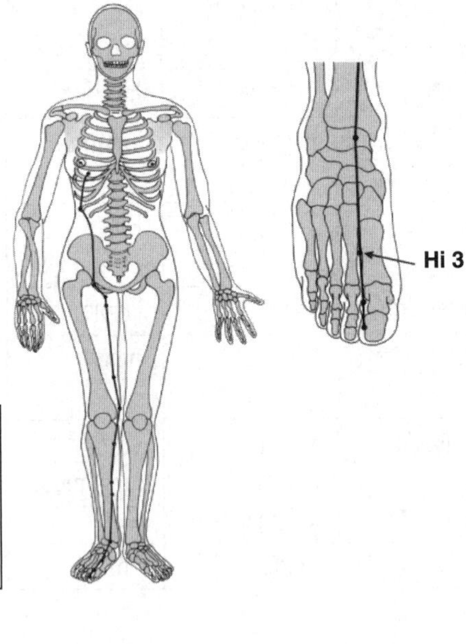

Hígado 3 (Hi 3)

Posición: **Izquierda y derecha**

En el punto del pie entre el metatarso del dedo 1 y 2 del pie.

El meridiano de la vesícula (Yang - Madera)

Tras el plan del hígado es el meridiano de la vesícula el que pone en práctica las decisiones. La vesícula aporta el valor y el coraje para poder llevar a cabo las decisiones y que estas no se queden en papel mojado; así como un sentido de la justicia. Esto supone también poder decir cosas que a los demás no les gustan, o intervenir y no mirar hacia otro lado cuando los demás se comportan mal.

- *Sensaciones negativas de la vesícula:* falta de sentido de la justicia, indiferencia, falta de fiabilidad, impuntualidad.
- *Tarea emocional de la vesícula:* capacidad de discernir bien, un buen sentido para hacer lo correcto mientras los demás no toman partido.

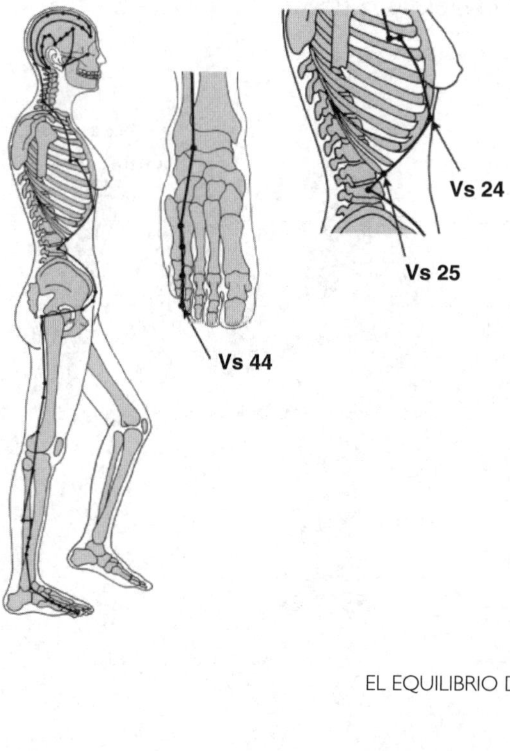

Vesícula 24 (Vs 24)

Posición: **Izquierda y derecha**

Perpendicularmente bajo la areola del pecho al final del arco costal.

Vesícula 25 (Vs 25)

Posición: **Izquierda y derecha**

En el borde inferior del final de la costilla 12.

Vesícula 44 (Vs 44)

Posición: **Izquierda y derecha**

Exterior del lecho ungueal del dedo 4 del pie.

Meridiano del corazón (Yin - Fuego)

El corazón es el centro de la persona, su centro mental y espiritual. El corazón es el «príncipe de fuego», el caballero de los órganos. El meridiano del corazón dirige, junto al propio corazón, la circulación sanguínea por el organismo, el cerebro, los cinco sentidos, los sentimientos y el pensamiento.

- *Sensaciones negativas del corazón:* nerviosismo, intranquilidad, cansancio, fatiga nerviosa, insomnio, desequilibrio emocional, irritabilidad, letargo, estrés, «enfermedad del director».
- *Tarea emocional del corazón:* equilibrio de los sentimientos, pensamiento claro que se traduce en una manera de hablar clara, conciencia de la conducta en la vida, percepción sana de la armonía entre el cielo y la tierra.

Corazón 3 (Co 3)

Posición: **Izquierda y derecha**

Interior de la parte posterior del codo.
Para una localización más sencilla, flexionar el brazo.

Corazón 9 (Co 9)

Posición: **Izquierda y derecha**

Lecho ungueal interior del dedo meñique.

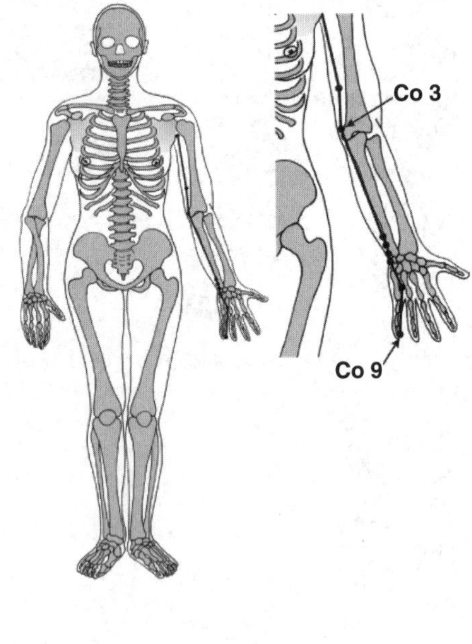

Meridiano del intestino delgado (Yang - Fuego)

El meridiano del intestino delgado dirige el reparto de los nutrientes por todo el organismo a través de la digestión de los alimentos. Además de esta función material, el intestino delgado también tiene la función de «digerir» los pensamientos y los impulsos que provoca el entorno y de saber qué convicciones extrañas no debemos «digerir» sin más.

Sensaciones negativas del intestino delgado: hipersensibilidad, inquietud, depresión, pensamientos confusos.

Tarea emocional del intestino delgado: tomar los pensamientos de otros y las experiencias propias y digerir lo sano de ambas. Rechazo y separación de lo que no es «digerible» emocionalmente, construir nuestra propia concepción del mundo.

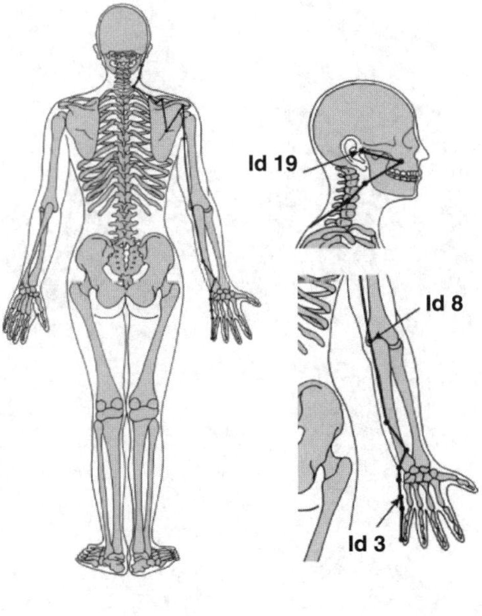

Intestino delgado 3 (Id 3)

***Posición:* Izquierda y derecha**

Puños. Exterior de la parte posterior de las manos.

Intestino delgado 8 (Id 8)

***Posición:* Izquierda y derecha**

Parte exterior del codo. Depresión entre el cúbito y el húmero.

Intestino delgado 19 (Id 19) = Punto de alergia

***Posición:* Solo derecha**

Delante de la oreja, en la depresión entre el tragus y la articulación temporomandibular, cuando la boca está abierta.

Meridiano de la circulación-sexualidad (Yin - Fuego)

El meridiano de la circulación-sexualidad también se llama pericardio. Es el encargado de proteger al corazón. Casi todo lo que se ha dicho sobre el corazón es válido para él. El «CS» dirige el sistema circulatorio y, por consiguiente, también el sistema vascular, las arterias coronarias y el pericardio. Además, también influye en la digestión y proporciona la energía para los órganos sexuales.

- *Sensaciones negativas del CS:* hipersensibilidad, frecuente intranquilidad, problemas de concentración, ausentismo mental, insomnio, sensación de miedo, palpitaciones en el pecho.
- *Tarea emocional del CS:* capacidad para abrirse cariñosamente a otras personas y con la pareja, desarrollar el amor y la sexualidad.

Circulación-Sexualidad (CS 3)

Posición: **Izquierda y derecha**

En el centro del codo, radial junto a los tendones.

Circulación-Sexualidad (CS 8)

Posición: **Izquierda y derecha**

En el centro de la palma de la mano, entre los metatarsos 3 y 4.

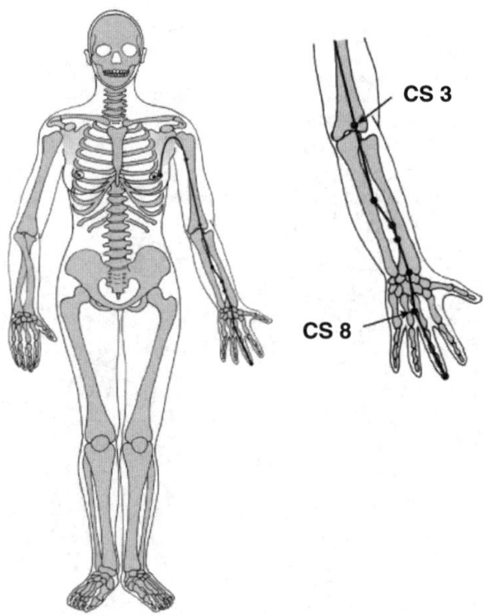

Meridiano del triple calentador (Yang - Fuego)

En la medicina tradicional china rige la idea de tres «cámaras de combustión» en el organismo, que son dirigidas por el meridiano del triple calentador. La cámara de combustión superior está en el pecho e influye en la respiración. La cámara de combustión media se encuentra alrededor de la zona del estómago e influye en la digestión. La cámara de combustión baja se encuentra en la zona del hipogastrio y la pelvis e influye en la función excretora.

El triple calentador coordina y regula estas tres funciones y también protege contra la influencia exterior; es el «ministro de asuntos exteriores».

- *Sensaciones negativas del triple calentador:* hipersensibilidad al frío, el viento y la humedad, atención excesiva, excitación nerviosa, problemas de sueño, ideas obsesivas, escasa capacidad de adaptación a los cambios exteriores (por ejemplo, viajes).
- *Tarea emocional del triple calentador:* desarrollo de un mecanismo de defensa sano contra todo tipo de influencias, tanto en el plano físico, como en el psíquico, como en el social, equilibrio interno, saber cuándo es momento de seguir adelante y cuándo es el momento de dar un paso atrás.

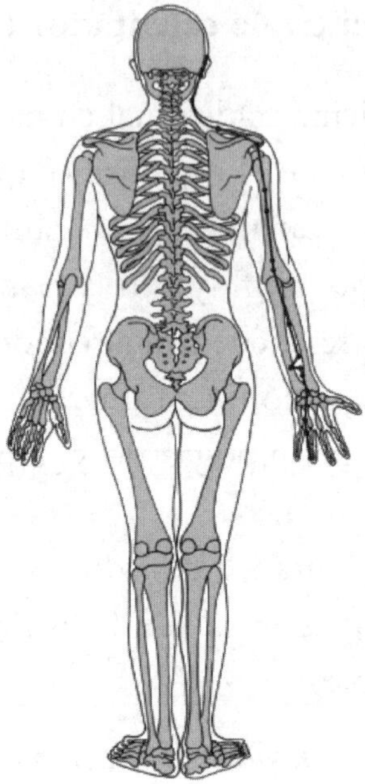

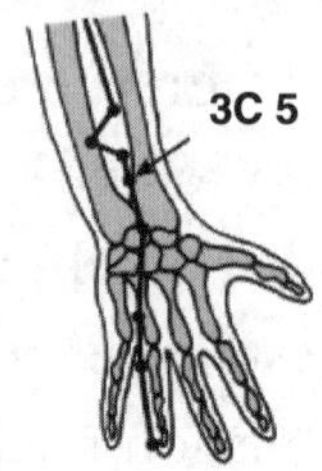

Triple calentador 5 (3C 5)

Posición: **Izquierda y derecha**

Parte externa en el medio del antebrazo, unos dos dedos por encima de la muñeca, en la depresión entre el cúbito y el radio.
Donde se suele poner el reloj de pulsera.

Meridiano del bazo/páncreas (Yin - Tierra)

El meridiano del bazo/páncreas protege la digestión en la que, según la idea china, se transporta la energía de los alimentos a los pulmones para unirse ahí con la energía de la respiración. Juega un papel importante sobre el sistema linfático para el sistema inmunológico y de defensa. También la formación de sangre está estrechamente relacionada con el meridiano del bazo. De ahí se desprende también una relación con la menstruación.

- *Sensaciones negativas del meridiano del bazo/páncreas:* debilidad generalizada, demasiadas preocupaciones, darle muchas vueltas a la cabeza, falta de memoria, molestias en las piernas, escasa capacidad de concentración, ansia por los dulces, trastornos alimenticios = conflictos emocionales en los que ya no se trata de liberarse del hambre, sino de reencontrar el sentido de la vida en un mundo «saturado» de cosas materiales.

- *Tarea emocional del meridiano del bazo/páncreas:* capacidad para preocuparnos por alguien, asumir la responsabilidad y el cuidado, posicionarse como «intermediario» entre el universo creativo y la fertilidad terrenal, realización de la maternidad, principio nutricional, preocupación por las relaciones armoniosas entre personas.

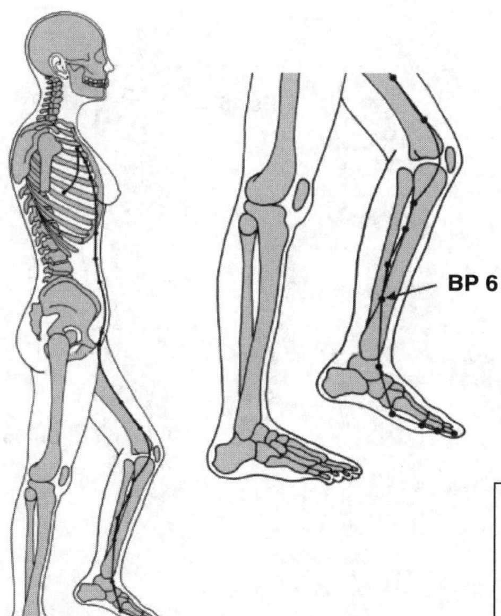

Bazo/Páncreas 6 (BP 6)

***Posición:* Izquierda y derecha**

Cuatro dedos por encima del tobillo, en la parte interior.

Meridiano del estómago (Yang - Tierra)

La principal función del meridiano del estómago consiste en la ingestión del alimento y su preparación para su posterior paso al intestino delgado. En un sentido figurado, el estómago no solo ingiere alimentos materiales, sino también nuestra experiencia, lo aprendido, en general, el «mundo» de nuestras experiencias. Él decide si podemos «digerir» situaciones difíciles o si, por ejemplo, debemos reaccionar con un dolor de estómago. El estómago también tiene una relación especial con el agua.

- *Sensaciones negativas del meridiano del estómago:* negativa a empaparse del mundo, rebelión, todo es demasiado, retroceder ante las tareas cotidianas, «rechazo de la entrega», congestión.

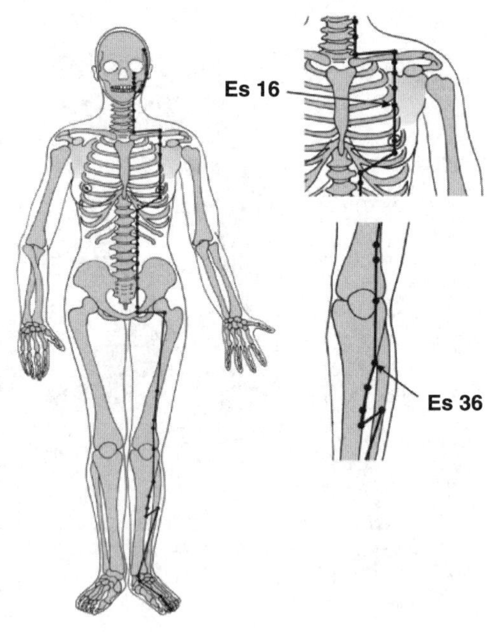

Estómago 16 (Es 16)
= punto de micosis

Posición: **Solo izquierda**

Perpendicular sobre el pezón en el tercer hueco intercostal.

Estómago 36 (Es 36)

Posición: **Izquierda y derecha**

Colocar la palma de la mano sobre la rodilla.El dedo anular muestra la posición.

- *Tarea emocional del meridiano del estómago:* construcción de una relación fructífera con los padres, desarrollo de un «gusto» natural (vestuario, hogar, amor, alimentos, etc.), capacidad para rechazar y tomar lo que uno necesita o le gusta.

Meridiano de los pulmones (Yin - Metal)

El meridiano de los pulmones tiene la tarea de absorber de la atmósfera la energía básica de la vida, llamada «Chi», «Qi» o «Prana». Él controla su aprovechamiento y la espiración, y establece una resistencia contra las molestias del exterior. De este modo influye

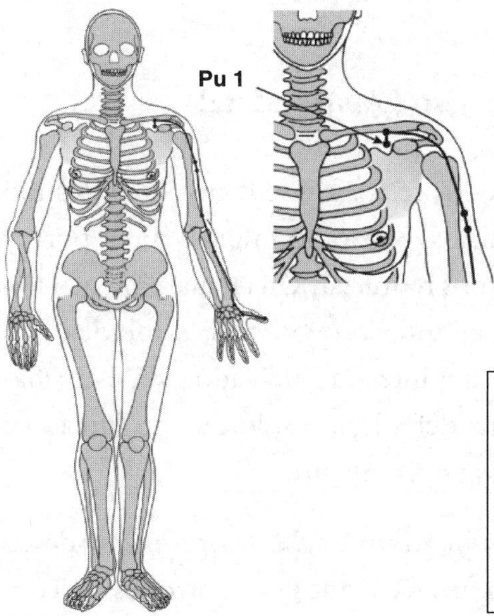

Pulmón 1 (Pu 1)

Posición: **Izquierda y derecha**

Mitad inferior de la clavícula en el primer hueco intercostal.
En el hueco que aparece cuando se mueve el hombro hacia adelante.

sobre el poder inmunológico del organismo. El tema principal del meridiano de los pulmones es la aceptación del ritmo natural de la vida: desprenderse de lo gastado y tomar nueva energía; y esto en permanente cambio.

- *Sensaciones negativas del meridiano de los pulmones:* falta de vitalidad, debilidad, fronteras débiles entre uno y el entorno, vulnerabilidad e hipersensibilidad, incapacidad de aceptar el consuelo, esconder y reprimir la tristeza.
- *Tarea emocional del meridiano de los pulmones:* encontrar la estructura en la vida, desarrollar estabilidad, equilibrio entre cercanía y distancia, capacidad para distanciarse interiormente y para poder reflexionar sobre los acontecimientos, aprender a aceptar el consuelo.

Meridiano del intestino grueso (Yang - Metal)

El intestino grueso recibe los restos alimenticios del intestino delgado y separa los desperdicios. Separa lo impuro de lo puro y deja que pase lo que no podemos reutilizar. Una mala alimentación puede hacer que pierda su equilibrio y provocar un estado de debilidad o molestia. La función del intestino delgado está estrechamente relacionada con el tema del «dejar ir», lo que no funciona, por ejemplo, cuando tenemos estreñimiento.

- *Sensaciones negativas del meridiano del intestino grueso:* deseo intenso de controlar, agarrarse a antiguos patrones, miedo, delegar responsabilidad, falta de confianza en el flujo de la vida.

- *Tarea emocional del meridiano del intestino grueso:* confianza en el flujo natural de la vida, aprender a dejar ir las cosas, confiar en el continuo cambio entre lo que tomamos y de lo que nos desprendemos, tomar conciencia de los procesos de la vida y reflexionar sobre ellos.

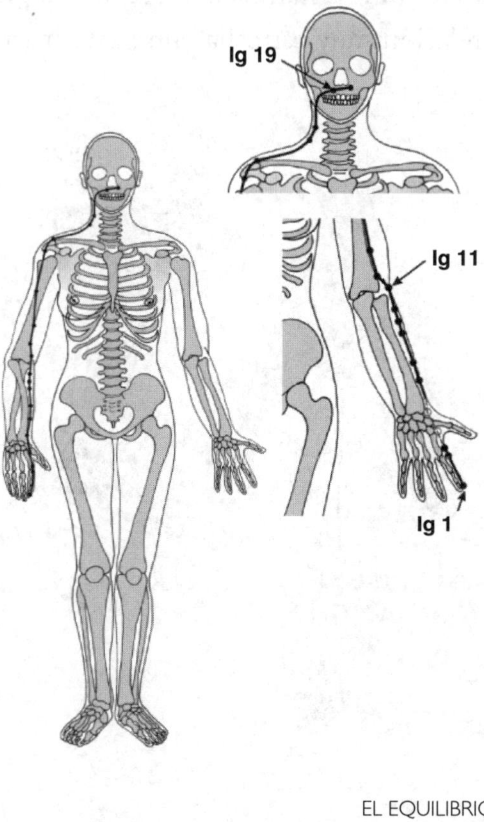

Intestino grueso (Ig 1)

Posición: **Izquierda y derecha**

Lecho ungueal del dedo índice.

Intestino grueso (Ig 11)

Posición: **Izquierda y derecha**

Parte exterior del pliegue del codo.
Para encontrarlo más fácilmente, flexionar el codo.

Intestino grueso 19 (Ig 19) = Punto de toxina

Posición: **Solo derecha**

Mitad inferior de la fosa nasal.

Meridiano de los riñones (Yin - Agua)

Los riñones se han visto tradicionalmente como los principales suministradores de energía para el resto de los órganos del cuerpo. Según el concepto chino, también «almacenan» la energía heredada de nuestros antepasados. Por ello, los riñones son responsables de nuestra vida y su grado de vitalidad. Así, al igual que el agua es necesaria para todos los procesos vitales interiores y exteriores de las células, la energía renal es igualmente vital para soportar incólumes los temporales de la vida.

El meridiano de los riñones influye también sobre la energía sexual, por eso existe una relación muy estrecha entre este meridiano y el deseo sexual.

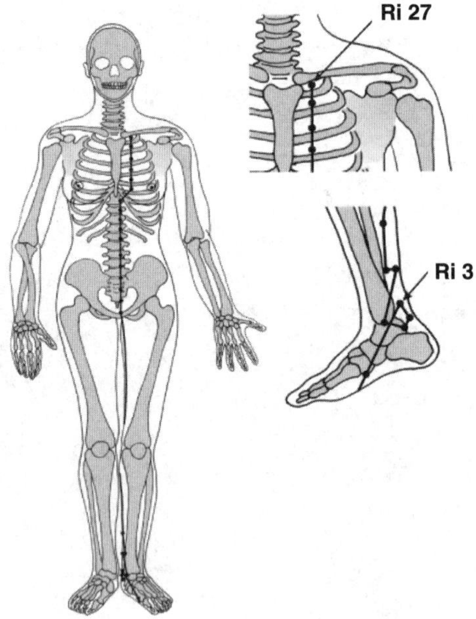

Riñones 3 (Ri 3)

Posición: **Izquierda y derecha**

Depresión detrás del tobillo en la parte interior.

Riñones 27 (Ri 27)
= punto de circulación

Posición: **Solo izquierda**

Entre la primera costilla y la clavícula, unos dos dedos junto a la raya central del esternón.

- *Sensaciones negativas del meridiano de los riñones:* miedo desbordante en las relaciones a una amenaza irreal, pánico, depresiones, rigidez e inmovilismo en los pensamientos y sentimientos, una actitud pesimista ante la vida, falta de iniciativa.
- *Tarea emocional del meridiano de los riñones:* resonancia con el flujo de la vida, dejarse llevar con las olas del océano, ternura, saber hacer el bien y aprender a confiar en el poder del agua.

Meridiano de la vejiga (Yang - Agua)

El meridiano de la vejiga controla el almacenamiento y expulsión de la orina proveniente de los riñones; es casi como el «mayor-

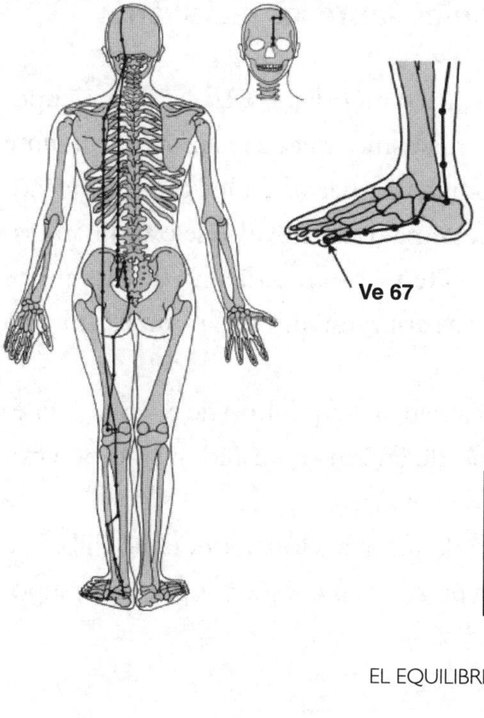

Vejiga 67 (Ve 67)

Posición: **Izquierda y derecha**

Exterior del dedo meñique del pie.

domo» de la energía proveniente de los riñones y el que se ocupa de que el agua se divida correctamente y pueda llegar a partes del organismo bien muy «húmedas» o bien muy «secas». Este meridiano es también decisivo para el equilibrio nuestros fluidos corporales.

- *Sensaciones negativas del meridiano de la vejiga:* hipersensibilidad y sobresaltos hasta llegar al miedo. Tendencia al nerviosismo y enfadarse por pequeñeces, sueños confusos.
- *Tarea emocional del meridiano de la vejiga:* capacidad para relajarse mental y físicamente, dejarse ir, permitir la tranquilidad interior y la paz espiritual.

Uso práctico de los símbolos sobre los meridianos

Un equilibrio energético de los meridianos, es decir, la recuperación de la estabilidad en el organismo, puede realizarse fácilmente mediante la aplicación de códigos de barras en los puntos de acupuntura. Para ello, tras un esquema determinado, se examinan distintos puntos del cuerpo con el tensor y en cada uno de los puntos donde se aprecie un bloqueo se aplica de inmediato un signo para restaurar el equilibrio.

A este procedimiento lo llamamos «equilibrio de energía». Puede llevar a cabo este equilibrio de energía en usted mismo o, naturalmente, en cualquier otra persona.

Este sistema por un lado da información sobre el equilibrio o desequilibrio de energía de la persona en cuestión y, por otro, supone también un instrumento de ayuda para eliminar o, cuando menos, mejorar los bloqueos energéticos.

En el mismo procedimiento también se pueden determinar otros factores externos como la contaminación electromagnética o la radiación terrestre. Además, en algunos puntos de acupuntura especiales también se pueden diagnosticar influencias que afectan negativamente a nuestro sistema energético como alergias, micosis u otras dolencias causadas por metales pesados.

Test preliminar

Para poder valorar más tarde si nuestro equilibrio de energía tuvo éxito, queremos primero realizar algunos test preliminares. En los siguientes ejemplos vamos a suponer que el equilibrio de energía se lleva a cabo en otra persona.

1. *Examinar la capacidad de comprobación*

Hay que comprobar en uno mismo, así como en la persona que se evalúa lo siguiente: hemisferios izquierdo y derecho, situación actual psíquica en la región occipital, contaminación electromagnética y carga geopática en el punto de acupuntura GV 20 en la parte superior de la coronilla. Se deben utilizar, en caso necesario, las rayas de equilibrio y comprobar después nuevamente si no hay ningún problema.

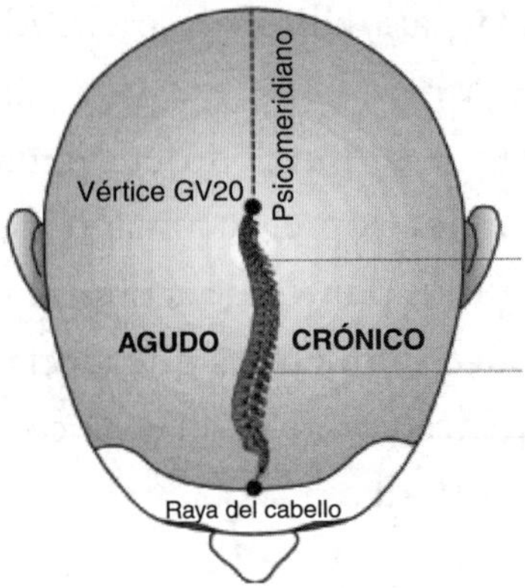

Autorreflejo de la columna vertebral

Vértebras cervicales
Nivel de los hombros y de la cabeza

Vértebras torácicas
Región media del cuerpo

Vértebras lumbares
Región baja del cuerpo, desde el ombligo hacia abajo

2. *Examen en la cabeza de la columna vertebral*

Tal vez sepa usted por las zonas reflejas del pie o por las zonas de la cabeza en la espada que hay órganos internos que se reflejan en otras zonas del cuerpo.

Erich Körbler dio a conocer al público otra forma de examinar el reflejo de posibles órganos dañados: el reflejo de la columna vertebral en la cabeza. Desde el punto más alto de la coronilla (GV 20), y bajando por la línea del cabello podemos examinar la situación energética de la columna vertebral y, por ende, los órganos conectados a esta.

Vaya bajando despacio con el dedo índice izquierdo desde el GV 20 en dirección hacia la frente, y observe la desviación del tensor. Si en este trayecto se muestra una desviación negativa, anótela o memorícela. Es posible que una vez realizado el equilibrio de energía ya no se muestre aquí ninguna molestia.

3. *Examen energético de la columna vertebral en la espalda*

El tercer examen preliminar atañe a la propia columna vertebral. Vaya bajando despacio con su dedo índice izquierdo desde la primera vértebra cervical hacia el sacro. Memorice aquí también el lugar donde pueda aparecer una desviación negativa.

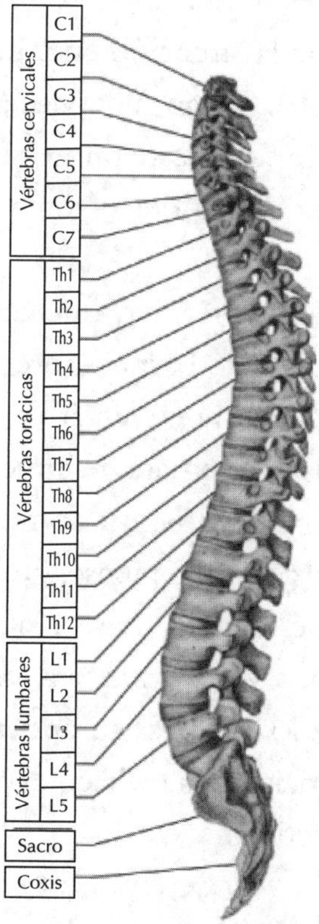

Estado energético de la columna vertebral también puede haber mejorado después de realizar el equilibrio de energía.

Equilibrio del meridiano mediante el equilibrio de energía

Para llevar a cabo el equilibrio de energía tan solo necesita conocer los puntos de acupuntura más importantes y algunos puntos a examinar adicionales. La mayoría de los puntos se encuentran en las manos y en los pies. Basta con un punto por meridiano; este sirve como indicador de la situación energética del recorrido del meridiano en su conjunto. Según la desviación del tensor se puede determinar directamente sobre este punto si existen bloqueos que provoquen un debilitamiento del sistema energético del organismo.

Para restablecer el equilibrio, hay que colocar inmediatamente el correspondiente código de barras sobre el punto en cuestión. De esta manera se compensará el déficit energético en la zona, se eliminarán los bloqueos y se actuará de inmediato sobre el nivel de energía del meridiano «tratado», así como el de los meridianos siguientes. Puede que al principio piense: «¿Cómo voy a memorizar esto?». No se preocupe, cuando haya realizado el equilibrio de energía entre tres y cinco veces conocerá los puntos de memoria. Aquí de nuevo le digo: lo mejor es aprender esta técnica en algún curso en el que los participantes realicen el equilibrio de energía al mismo tiempo que practican.

Puntos en las manos y en los pies

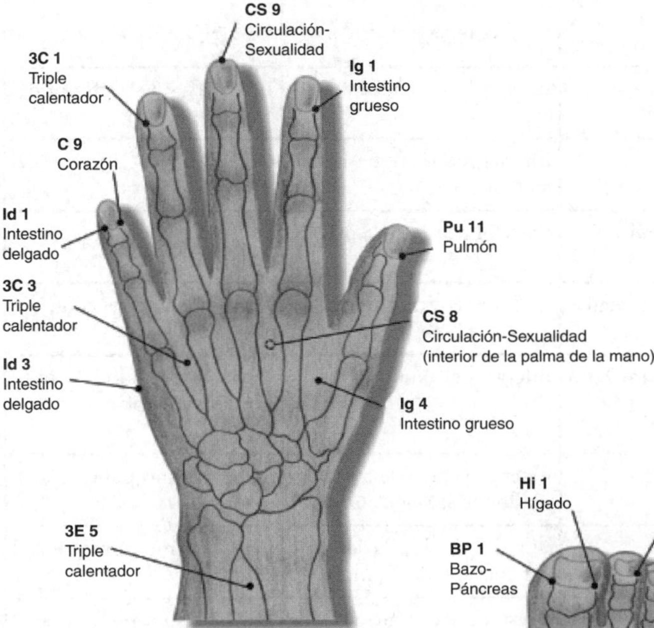

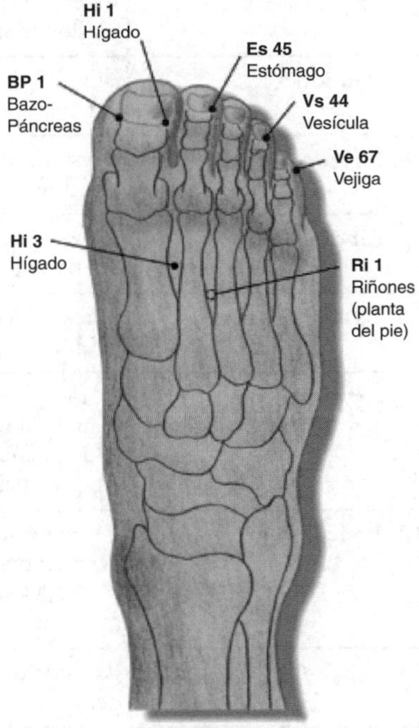

Los puntos del cuerpo según el orden del examen

Puntos clásicos de acupuntura	Examinar - ¿Dónde?	Signo - ¿Dónde?
1. Intestino grueso 1	Interior lecho ungueal dedo índice	**Ig 1** o **Ig 11** - Exterior del codo
2. Corazón 9	Interior lecho ungueal dedo meñique	**Co 9** o **Co 3** - Interior del codo
3. Intestino delgado 3	Exterior palma de la mano	**Id 3** - Exterior de la palma de la mano
4. Circulación-Sexualidad 8	Interior centro palma de la mano = CS 8	**CS 3** - Centro del codo
5. Puntos de inflamación	Interior de la muñeca	A partir de Grado 5 **siempre 4 rayas** sobre la muñeca
6. Triple calentador 5	Exterior centro de la muñeca, donde se pone el reloj	**3C 5** (mismo punto que el examen)
7. Pulmones 1	Ángulo de la clavícula / Articulación del hombro	**Pu 1** (mismo punto que el examen)
8. Hígado 3	Dorso del pie, junto a la articulación metatarsofalángica	**Hí 3** (mismo punto que el examen)
9. Riñones 3	Depresión posterior al tobillo; parte interior	**Ri 3** (mismo punto que el examen)
10. Bazo-Páncreas 6	Unos 4 dedos por encima del tobillo; parte interior	**BP 6** (mismo punto que el examen)
11. Estómago 36	Colocar las palmas de las manos sobre la rodilla, llevar el dedo anular hasta unos 2 cm por encima de la tibia	**Es 36** (mismo punto que el examen)
12. Vesícula 44	4º dedo del pie (contando desde el pulgar), exterior de la uña del pie en dirección al meñique	**Vs 44** (mismo punto que el examen)
13. Vejiga 67	Exterior del dedo meñique del pie	**Ve 67** (mismo punto que el examen)

Puntos adicionales a examina

14. Punto del tiroides	Centro del cuello, mitad inferior del hoyuelo	(mismo punto que el examen)
15. Punto de circulación Ri 27	Ángulo del esternón / clavícula. Solo izquierda	**Ri 27** izquierda (mismo punto que el examen)
16. Micosis	Ir desde el centro de la clavícula izquierda en dirección al pecho. El punto está en el tercer hueco intercostal de la izquierda	Véase ejecución para micosis en pág. ???
17. Metales pesados/ Toxina Ig 19	Bajo la fosa nasal derecha	**Ig 19** derecha (mismo punto que el examen)
18. Alergias Id 19	Justo delante de la oreja derecha	**Id 19** derecha (mismo punto que el examen)

Abreviaturas

Ig = Meridiano del intestino grueso
Co = Meridiano del corazón
Id = Meridiano del intestino delgado
CS = Meridiano circulación-sexualidad (también llamado meridiano del pericardio)
3C = Meridiano del triple calentador
Pu = Meridiano de los pulmones
Hí = Meridiano del hígado
Ri = Meridiano de los riñones
BP = Meridiano bazo/páncreas
Es = Meridiano del estómago
Vs = Meridiano de la vesícula
Ve = Meridiano de la vejiga

¿Cómo se debe proceder?

Coloque el dedo índice izquierdo en orden sobre el punto 1 hasta el 18 y observe la desviación del tensor. A partir del Grado 5 o superior dibuje el correspondiente código de barras en función del grado que haya observado (tal y como ha aprendido en el capítulo «El círculo energético») sobre el punto que se indica en la tabla. Compruebe inmediatamente después de haber dibujado cada punto si el meridiano ya muestra un «equilibrio» (Grado 1). Solo entonces pase al siguiente punto y actúe de igual modo, hasta que haya examinado todos los puntos y realizado el equilibrio energético. Básicamente se trabajan ambos lados, es decir, Ig 1 en el dedo índice izquierdo y derecho, Co 9 en dedo meñique izquierdo y derecho. Para los puntos adicionales valen reglas especiales (véase la lista anteriormente expuesta).

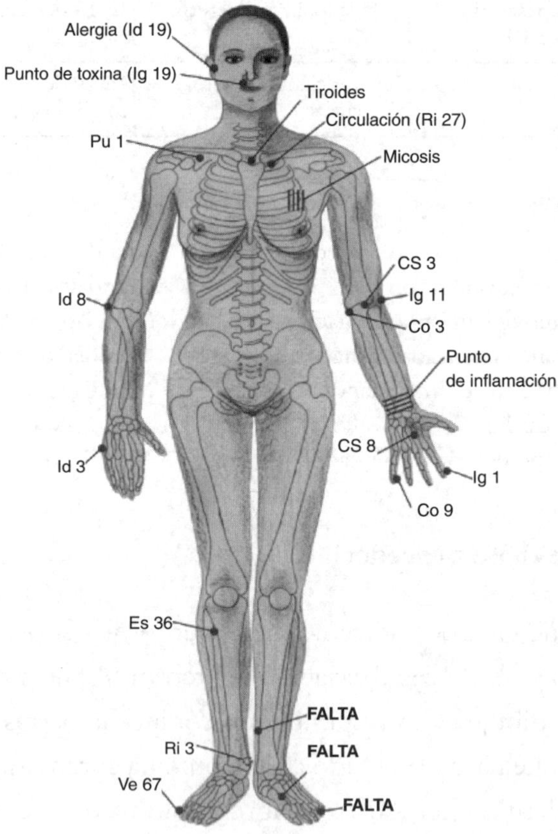

Cuando haya terminado por completo el equilibrio de energía, debe usted determinar cuánto tiempo deben permanecer pintados los signos sobre el cuerpo. Colóquese junto al hombro derecho del paciente (en el caso de ser zurdo junto al hombro izquierdo), mantenga la mano izquierda (los zurdos la derecha) sobre la mitad derecha del cerebro (los zurdos sobre la izquierda) y pregunte cuánto tiempo deben permanecer los signos sobre el cuerpo (días, horas). Tras este tiempo los signos deberían ser lavados, ya que el sistema energético también puede reaccionar de forma negativa (por ejemplo, con malestar o dolor) cuando la frecuencia energética de los signos deja de ser acorde.

Especialidades de los puntos de prueba adicionales

- *Punto del tiroides:* el punto del tiroides afecta a todo el sistema endocrino. En la práctica se ha visto que en este punto el signo debería permanecer pintado menos tiempo, a menudo, solo durante un minuto o incluso segundos, ya que demasiado tiempo puede provocar malestar u otras reacciones negativas en el paciente. Por tanto, vigile el tiempo en este punto de forma especial.
- *Punto de circulación Ri 27:* solo examinar y equilibrar el lado izquierdo (ángulo del esternón / clavícula).
- *Punto de micosis:* solo examinar el lado izquierdo. Desde el centro de la clavícula izquierda seguir una raya recta en direc-

ción al pecho. El punto está en el tercer hueco intercostal. Aquí no se dibuja el signo que ha comprobado en el círculo energético, sino que se procede de la siguiente manera:

A partir del Grado 5: sostenga una tarjeta con 4 rayas paralelas verticales sobre el punto. Si se produce el «equilibrio», se trata de micosis no peligrosa. No debe usted hacer nada más. Si el tensor sigue mostrando un Grado 3, 4, 5 o superior, dibuje 4 rayas paralelas verticales sobre el punto para realizar el equilibrio energético. Si finalmente siempre comprueba un Grado 5 o superior tiene usted que examinar y eliminar de forma adicional la micosis dañina.

- *Punto de toxina / metales pesados Ig 19:* solo examinar y equilibrar el lado derecho (bajo la fosa nasal). Con dibujo sobre este punto no se elimina todavía la contaminación por metales pesados, por el momento se envía un impulso para realizar el equilibrio energético. Los materiales tóxicos deben ser eliminados en un procedimiento especial (véase el capítulo «Eliminar tóxicos y amalgama»).

- *Punto de alergia Ig 19:* solo examinar y equilibrar el lado derecho (delante de la oreja). Sirve lo mismo que hemos dicho pata el punto de metales pesados. Nos damos cuenta de que se trata de una alergia, pero deberá ser tratada de forma especial.

Test posteriores

Después de llevar a cabo el equilibrio de energía al completo debe examinar ahora si se ha producido alguna mejoría o cambio en los puntos en los que se ha realizado el examen preliminar.

Examen de la columna vertebral en la cabeza

Debe usted proceder de igual forma que en el test preliminar. Si no se percibe ninguna mejoría puede ser que se trate de un bloqueo causado por un diente enfermo o una cicatriz interferente. Examine la cicatriz como le vamos a describir más adelante y revise los dientes con el tensor.

Examen energético de la columna vertebral en la espalda

Examine la columna vertebral como hemos descrito en el test preliminar. En el caso de que el tensor siga mostrando una carga en algún punto, puede usted preguntar si se debe colocar algún signo en él (a la izquierda o derecha de la columna vertebral). Si es así, compruebe cuál es el indicado según el círculo energético. No se olvide de preguntar cuánto tiempo debe dejar el símbolo.

Caso particular: «Y» en el cuerpo

Ya hemos visto que la «Y» es un símbolo muy valioso que puede revalorizar energéticamente muchas cosas, por ejemplo, alimentos, medicamentos o agua. También se puede emplear sobre el cuerpo en ciertos procesos en los que es necesaria la eliminación de agua de los tejidos, como estasis linfática o edemas. Por favor, en estos casos debe usted actuar de forma muy selectiva y con mucha precaución. Antes del uso de la «Y» sobre el cuerpo siempre se debe comprobar en qué dirección debe pintarse. Si no, es posible que los fluidos corporales se estanquen y el paciente empeore. La «Y» ha sido utilizada por terapeutas experimentados a izquierda y derecha de la columna vertebral para casos de problemas discales o lumbares.

Parte II

APLICACIONES PRÁCTICAS

Contaminación electromagnética

La contaminación electromagnética existe, aun cuando uno no puede verla ni olerla; de eso no cabe duda. Lo que se discute, sin embargo, es en qué medida resulta perjudicial para el organismo humano, caso de que lo sea.

Una radicación magnética o electromagnética por debajo de un miligauss (mG), hoy en día, se considera inocua. No obstante, se considera que la carga electromagnética de un ordenador se sitúa entre 10-20 mG y este aparato no es el único al que estamos expuestos a diario (sobre todo nuestros hijos), así que es algo ciertamente inquietante.

Por otra parte, el organismo humano se compone principalmente de agua; un conductor ideal. Todos nuestros procesos naturales se rigen por impulsos eléctricos naturales de baja frecuencia. Una interferencia en estos procesos naturales que controlan nuestras vidas mediante la tecnificación de nuestro entorno no solo supone estrés, sino que puede dañar a nuestro organismo e incluso tener consecuencias imprevisibles.

Independientemente de los límites que pongamos, siempre ha habido personas especialmente «sensibles» que sienten más intensamente que los demás y cuyo cuerpo se resiente más por pasar una jornada laboral bajo una luz de neón o a las que un mal armazón de la cama les puede deparar una noche de insomnio.

Sabemos que hay algunos animales que poseen receptores especiales para percibir campos magnéticos y electromagnéticos. Así, hay especies marinas que se orientan con ayuda del campo magnético de la tierra; las palomas y los murciélagos perciben las más ligeras alteraciones (medidas en nanotesla = nT) en el campo magnético de la tierra. El sistema nervioso del organismo humano reacciona en contra de las influencias electromagnéticas, si no fuera así necesitaríamos disponer de receptores especiales para ello. Dado que cada persona es una criatura extraordinaria con dispositivos y sensibilidades especiales, la sensibilidad del organismo a la radiación puede ser distinta en cada persona. Un organismo sano soportará durante más tiempo un campo de radiación negativo que otro que se encuentra más débil debido a alguna enfermedad.

Informe basado en la experiencia: Perturbaciones del sueño

Un paciente era capaz de dormir siempre del tirón y sin problema en cuanto se tumbaba. Cuando se mudó a su nueva casa en el año 2003 colocó su cama en el primer sitio que le pareció oportuno. Aquella noche no pudo pegar ojo. Las dos siguientes noches también durmió muy mal. En consecuencia, examiné el armazón de su cama con el tensor y detecté efectivamente una zona crítica a la altura de la cabeza. Lo que me pareció interesante fue que otra persona experimentada con el tensor, que había examinado las habitaciones la semana previa, pudiera confirmar esta zona crítica. Desplazamos la cama y esa misma noche el hombre pudo dormir, como de costumbre, sin problema alguno y así ha sido desde entonces.

Se puede medir la influencia directa que un campo electromagnético artificial, ya sea un despertador, un microondas, un televisor o un móvil, ejerce sobre el sistema endocrino. Esto se ve fácilmente, por ejemplo, en la producción de la hormona melatonina que no se produce cuando se está despierto, sino durante el sueño profundo. Cuando la glándula pineal no produce suficiente melatonina, significa que el sueño no es lo bastante profundo y, por tanto, no se descansa debidamente.

Contaminación electromagnética

Contaminación electromagnética es la expresión general para interferencias eléctricas causadas por campos alternos de baja y alta frecuencia que no se producen de forma natural. Para la contaminación electromagnética solo se cuenta la radiación «no ionizante» que no tiene efectos radioactivos. En la protección para las radiaciones, la radioactividad supone un riesgo reconocido para la salud, al contrario que la «contaminación electromagnética». El límite en Alemania es unas 1.000 veces superior al de otros países.

Campos eléctricos alternos de baja frecuencia

Se originan a través de la corriente alterna de dispositivos eléctricos, interruptores, tomas de corriente y aparatos conectados como despertadores, televisores, radios y lámparas aún cuando no fluya corriente.

Electroestática

En las últimas décadas son cada vez más los productos fabricados con materiales sintéticos. Las chapas artificiales de efecto madera, las tarimas flotantes y los suelos de PVC, las cortinas de poliéster y las alfombras y los papeles de pared sintéticos originan una atmósfera «cargada» en su interacción electroestática. El aire caliente y seco de los aparatos de calefacción provoca un aumento de la tensión superficial: muchas personas conocen el pequeño choque eléctrico que se produce al tocar el pomo de la puerta. Los factores de estrés provocados por la electroestática se pueden reducir mediante la elección correcta de los materiales de construcción y de las instalaciones de la vivienda.

Electrosensibilidad

Por *electrosensibilidad* se entiende la capacidad del organismo de percibir campos eléctricos, magnéticos o electromagnéticos. La personas electrosensibles que viven durante mucho tiempo en zonas cerca de emisores reaccionan con grandes alteraciones a estos campos. Cada vez más personas escuchan pitidos, latidos, zumbidos, etc., cuando se encuentran cerca de campos electromagnéticos. Ejemplos de molestias provocadas por la electrosensibilidad son quemazones, enrojecimiento y sarpullidos en la piel, problemas para respirar, palpitaciones, dolor de estómago, náuseas, dolor o entumecimiento de las extremidades y músculos, mareos, dolores de cabeza, visión borrosa, ardor de ojos o sensibilidad a la luz. La electrosensibilidad se puede comprobar de forma «objetiva» por una distribución irregular de la hormona melatonina. Llaman la atención síntomas psíquicos como el cansancio, el descenso del rendimiento, la falta de concentración, los problemas de sueño y el nerviosismo. Hay que distinguir la electroalergia de la electrosensibilidad. En la primera, con una descarga de histamina se puede detectar una fuerte reacción alérgica.

Melatonina

La melatonina es una hormona que se produce en la glándula pineal y que regula el ritmo día-noche. Las investigaciones en laboratorio han demostrado que una glándula pineal afectada por la contaminación electromagnética reduce su producción de melatonina. Algunas señales de una reducción en el reparto de melatonina pueden ser inquietud o problemas de sueño. Cuando esta hormona, que se encarga de cazar las moléculas agresivas (radicales libres) escasea, el sistema inmunitario puede verse debilitado y favorecer de forma indirecta que se originen enfermedades cancerígenas.

Medir la contaminación electromagnética con el tensor

Con el tensor se pueden medir los efectos nocivos para la salud de la contaminación electromagnética a escala nanométrica y alterarlos positivamente con ayuda de los signos geométricos.

Cuando el tensor muestra un Grado 1, es decir, una oscilación equilibrada, la calidad de la radiación es compatible con nuestro organismo. Compruebe qué desviación se produce en el círculo energético cuando, por ejemplo, usted coloca su dedo índice izquierdo sobre el despertador, los enchufes, los electrodomésticos o los cables eléctricos de la pared. Si el tensor muestra un Grado 5 o superior, significa que la frecuencia de estas fuentes electromagnéticas no es compatible con la frecuencia de su organismo y, tarde o temprano, puede conducir a dolencias físicas e incluso psíquicas. Usted también puede comprobar los dispositivos y antenas instaladas en el exterior de las habitaciones de la casa manteniendo la palma de la mano en dirección al dispositivo y dirigiendo su pensamiento hacia el objeto que está examinando.

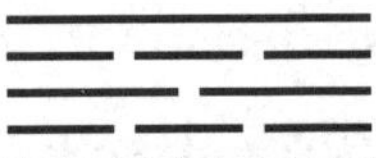

El símbolo para eliminar la contaminación electromagnética

Ya hemos visto en los test preliminares el símbolo de la contaminación electromagnética. ¿Lo recuerda? Cuando, al realizar el examen con el tensor en el punto más elevado de la coronilla (GV 20), aparece un movimiento circular (da igual que sea a izquierda o derecha) significa que tiene usted una carga electromagnética. Al contemplar la tarjetita con el símbolo de la contaminación electromagnética (durante unos dos minutos) se consigue una «descarga» momentánea del organismo de la radiación incompatible.

El símbolo de la contaminación electromagnética se puede utilizar de muchas formas distintas para la eliminación de las interferencias producidas por aparatos pequeños y grandes, por ejemplo, el despertador, relojes de pulsera, televisores frigoríficos, reproductores de CD, enchufes, microondas, teléfonos, lámparas, todos los aparatos de metal, también aquellos que no están conectados a la red eléctrica.

Existen a la venta láminas con el símbolo de la contaminación electromagnética que resultan muy prácticas.

Cuando usted haya comprobado que un aparato eléctrico es incompatible con su organismo, pegue una lámina sobre el aparato. Pregunte antes dónde debe colocar el símbolo y si puede necesitar una segunda o una tercer lámina en algún otro lugar del aparato. Después compruebe si el símbolo equilibra la frecuencia incompatible o si, al menos, lo mejora algunos grados.

En general, el símbolo de la contaminación electromagnética no puede solucionar sin más la radiación; esta todavía sigue, ya que no hemos eliminado la fuente. Pero sí conseguiremos que su efecto sobre nuestro organismo sea más tolerable, algo que es especialmente importante cuando se trata de fuentes de perturbaciones de las que uno no puede simplemente alejarse o desconectar (como cables en la pared o enchufes).

El símbolo de la contaminación también puede agrandarse y copiarse en una hoja de Din-A4 y colocarse, por ejemplo, debajo del ordenador o del televisor. No obstante, en este caso debe usted comprobar de vez en cuando si la interferencia persiste, ya que el papel se recarga por sí mismo tras algún tiempo. Lo ideal sería imprimir el símbolo en una tela de algodón natural incolora; así muchas personas han obtenido mejores resultados.

Más consejos para evitar la contaminación electromagnética

Ya durante la planificación de adquirir una nueva vivienda o una casa se puede actuar para aliviar o intentar reducir las radiaciones indeseadas de baja y alta frecuencia de las habitaciones.

- Evite la cercanía a rayas de alta tensión, tendidos eléctricos a cielo abierto, transformadores, emisores, etc.
- La radiación electromagnética penetra sin problemas a través de las paredes. Tenga en cuenta por tanto lo que hay al otro lado de la cama o del escritorio. Tenga en cuenta también qué habitación hay debajo del dormitorio. Por ejemplo, es muy desaconsejable tener el cuarto de calderas.
- Coloque la cama de modo que haya al menos un metro de separación respecto a donde esté colocado el radiador.
- Apague el televisor y otros aparatos similares por la noche, también la función de *stand-by* (la luz roja) debería apagarse.

Plantéese si es absolutamente necesario que su hijo tenga televisor y ordenador en su dormitorio.

- Dormir justo debajo de una lámpara halógena con transformador es más o menos igual que estar tumbado bajo una raya de alta tensión.
- Renuncie a tener despertador, radio y lámparas halógenas, al menos en su dormitorio.
- Los relojes de pulsera y despertadores mecánicos son más compatibles que los relojes de cuarzo.
- Si utiliza usted gafas, compruebe antes de comprárselas cuál es el mejor material y la mejor forma para la montura.
- Evite distintos metales en la boca (por ejemplo, empastes de oro y amalgama), ya que producen tensiones alternas desaconsejables.
- Los dispositivos empotrados reducen la tensión por la noche, de modo que usted puede dormir tranquilo.

Cargas geopáticas y eliminación de interferencias

La geopatología (del griego *geo* = tierra; *pathos* = enfermedad) se ocupa de enfermedades originadas por una estancia (prolongada) en lugares sobrecargados. Estas zonas de perturbaciones pueden ser, por ejemplo, aguas freáticas, fallas, o las llamadas cuadrículas.

El campo magnético de la Tierra

El campo magnético de la Tierra es un campo originado de forma natural que se alinea en dirección norte-sur desde los polos. Todavía se sigue investigando su origen. Todo ser vivo sobre la Tierra se ha adaptado a lo largo de la evolución al campo magnético de la Tierra y es capaz de vivir bien con él. Algunos animales como las aves migratorias, las tortugas marinas, o los tiburones utilizan el campo magnético de la Tierra para orientarse. Estos campos naturales son, por lo general, «campos equilibrados» que son compatibles con el organismo.

Aguas freáticas

Las aguas freáticas en realidad son grandes superficies de agua en las cuales se producen corrientes y múltiples movimientos. La lluvia se filtra a través del suelo, penetra por múltiples capas de piedra y forma allí, donde la piedra es permeable, corrientes de agua subterráneas. Allí donde se juntan estas corrientes siempre dan lugar a mayores corrientes de agua o ríos que se empeñan en seguir adelante. Las aguas freáticas transcurren por grietas perpendiculares u oblicuas.

El agua que fluye puede formar zonas críticas que pueden suponer una carga para los organismos vivos. Se cree que la energía negativa para las personas se produce principalmente por la fricción del agua.

Si una persona duerme durante mucho tiempo sobre una zona de aguas freáticas pueden aparecer gradualmente tensiones casi imperceptibles. Algunas consecuencias pueden ser sueño agitado, dolores de cabeza, problemas de circulación y muchas otras dolencias. Tampoco se puede descartar que enfermedades graves como el cáncer o las cardiopatías surjan por una estancia prolongada en una zona de aguas freáticas.

Cuadrículas

Durante los últimos cincuenta años investigadores como el doctor Ernst Hartmann, el doctor Manfred Curry, el ingeniero Siegfried Wittmann o el doctor François Peyre descubrieron diversos sistemas de cuadrículas con distinta organización y distancia entre sus rayas.

Las cuadrículas son zonas de irritación que están relacionadas con el campo magnético de la Tierra. Cubren nuestro planeta a intervalos regulares y todavía no se han investigado por completo. No obstante, numerosos informes e investigaciones muestran que, en general, constituyen zonas críticas para los organismos vivos y pueden conducir a problemas de salud. Las cuadrículas más conocidas son:

- Cuadrícula global (cuadrícula Hartmann)
- Cuadrícula diagonal (cuadrícula Curry)
- Cuadrícula de cubo (cuadrícula Benker)

Las cuadrículas transcurren, en parte, según los puntos cardinales (cuadrícula ortogonal) y, en parte, en diagonal a los puntos cardinales (cuadrícula diagonal):

- Las *cuadrículas ortogonales* (por ejemplo, cuadrícula Hartmann, cuadrícula Benker) transcurren de norte a sur y de este a oeste. La cuadrícula Hartmann no sería por sí sola del todo patógena. Sin embargo, cuando se cruza con otra cua-

drícula, es decir, se solapa con otra, se forman «zonas dobles» que pueden tener efectos adversos sobre el organismo.
- Las *cuadrículas diagonales* (por ejemplo, cuadrícula Curry) transcurren en dirección noreste-suroeste y noroeste-sureste.

No hay, por tanto, que subestimar el efecto de las cuadrículas sobre el organismo cuando sus rayas se entrecruzan (cruces), ya que en estos puntos el efecto perjudicial para las células aumenta considerablemente. Las consecuencias sobre las personas son comparables a las de las aguas freáticas.

La cuadrícula global (cuadrícula Hatmann)

Las bandas de la cuadrícula global, que fue descubierta en los años 50 del siglo XX por el docor Ernst Hartmann, transcurren a una distancia entre sí de cerca de 2 metros en dirección norte-sur y a unos 2,5 metros en dirección este-oeste. Esta cuadrícula goza de un reconocimiento general hoy en día.

Hartmann fue el primero que pudo demostrar la relación entre la cuadrícula y la aparición de enfermedades. Las experiencias que relatan los afectados muestran que las personas, que gozan de buena salud, duermen prácticamente sin problema alguno sobre las bandas de la cuadrícula. Sin embargo, al descansar sobre los cruces, el sueño se ve muy afectado, tal y como demostraron los estudios, y pueden surgir distintos tipos de molestias.

La cuadrícula diagonal (cuadrícula Curry)

La segunda cuadrícula que abarca la tierra recibe el nombre del doctor Manfred Curry. Transcurre en diagonal a la cuadrícula Hartmann en dirección noreste-suroeste y noroeste-sureste.

La separación entre las bandas se sitúa entre 2,6 y 3,2 metros. A diferencia de la cuadrícula Hartmann su forma es variable y depende de las fases de la luna.

Al igual que en la cuadrícula Hartmann los cruces tienen una influencia especialmente negativa sobre la salud.

La cuadrícula de cubo (cuadrícula Benker)

Anton Benker descubrió en los años 60 del siglo XX otro sistema de cuadrículas de la que muchas personas no habían oído hablar: el sistema de cubos Benker. Puede representarse como una serie de cubos alineados y apilados de 10 x 10 x 10 metros. El sistema de cubos Benker transcurre como la cuadrícula Hartmann en dirección norte-sur y este-oeste.

Fracturas en la roca

Las fracturas son zonas subterráneas en la roca de la Tierra que surgen al plegarse los estratos de la roca y que pueden tener una anchura de cientos de metros. Las más conocidas son las fallas, las fisuras, las grietas y los hundimientos.

Las fracturas y las fallas se originan por los movimientos subterráneos, por ejemplo cuando las placas tectónicas de la Tierra se desplazan unas contra otras (en general, lo conocemos como terremotos).

Según el doctor Hartmann, estas zonas son siempre patógenas, especialmente cuando se cruzan unas con aguas freáticas o alguna de las cuadrículas.

Eliminación de las interferencias

Para la eliminación de las interferencias tampoco son necesarios aparatos caros o láminas especiales. Para esta tarea también tenemos a nuestra disposición las formas geométricas. De todas ellas, la cruz Griega y la «Cruz de Jerusalén» son las que cubren un espectro más amplio de interferencias causadas, por ejemplo, por el cruce de las cuadrículas de Hartmann o Curry, o las aguas freáticas.

La cruz griega

Este símbolo, formado por dos rayas de igual longitud, fue utilizado desde tiempos ancestrales en distintas culturas y religiones como signo protector.

Con la ayuda del tensor usted puede localizar fácilmente los campos críticos que hay bajo la tierra. Colóquese, por ejemplo, delante de su cama y señale con el dedo índice el lugar que desea consultar. Piense o pronuncie la palabra «zona crítica», «aguas freáticas», «cruce», etc., y observe el grado que muestra el tensor. Coloque después la cruz Griega debajo de la cama y realice de nuevo la comprobación. En muchos casos este símbolo produce un equilibrio inmediato o, al menos, puede reducir en algún grado la interferencia del punto sobre su organismo.

La cruz de Jerusalén

En algunos casos la cruz sencilla no basta para eliminar las interferencias o resulta más adecuado utilizar la Cruz de Jerusalén para armonizar las oscilaciones. Por eso, pruebe a usar este símbolo con las cargas producidas por aguas freáticas, cruces de cuadrículas, etc. Puede que el mejor resultado lo obtenga con una combinación de la cruz Griega y la Cruz de Jerusalén. Pregunte siempre dónde debe colocar exactamente el símbolo, en el cabecero, a los pies de la cama o en el centro.

El símbolo Y

La tercera posibilidad para armonizar cargas geopáticas consiste en la utilización de la «Y». Este símbolo también puede convertir la energía incompatible de la Tierra en oscilaciones tolerables para el organismo.

La propia naturaleza nos enseña esta «táctica»: cuando un árbol se levanta sobre aguas freáticas sus ramas se bifurcan de este modo para eludir esta energía negativa. Crecen con la forma de una «Y».

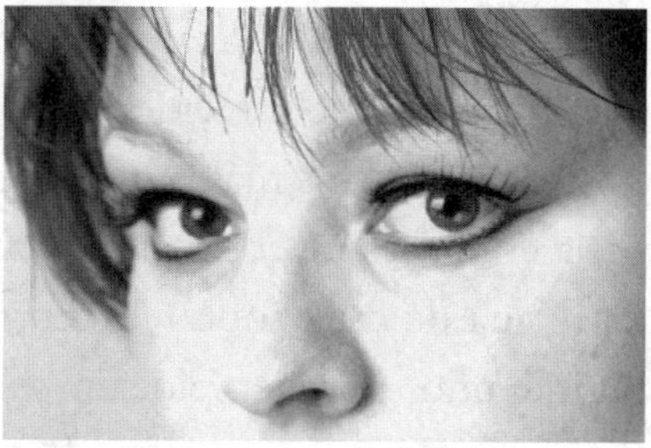

Cicatrices interferentes

A pesar de estar prácticamente olvidadas por la medicina moderna, más allá de lo que es su observación directa, las cicatrices originadas, por ejemplo, tras una operación o una herida, a menudo forman campos de interferencias. Esto se da no solo en cicatrices especialmente grandes, sensibles o dolorosas; también las cicatrices pequeñas e insignificantes, pero que están relacionadas, por ejemplo, con una mala experiencia, pueden resultar negativas.

También suelen olvidarse las cicatrices internas que se producen, por ejemplo, tras una operación de estómago, de amígdalas, tras la extracción de un diente, o tras la episiotomía, tan frecuente en mujeres.

El tejido cicatrizante, inelástico y duro bloquea el flujo de energía que fluye por los meridianos y, con ello, también todos los órganos y zonas del cuerpo que deben ser abastecidos con ella. Las cicatrices interferentes pueden tener como consecuencia una mayor o menor sensación de malestar, pero también problemas de salud manifiestos, o incluso enfermedades crónicas.

Además de los más o menos conocidos métodos de la naturopatía como las inyecciones subcutáneas o el *scratching* (arañazos en forma de cruz sobre el recorrido de la cicatriz con un objeto puntiagudo, por ejemplo, un palillo de dientes), la aplicación de símbolos curativos puede resultar un método muy efectivo, además de sencillo e indoloro.

Examine la cicatriz con el tensor tal y como hemos visto y espere a ver la desviación. Puede tocar la zona con la punta del dedo o, si se trata de una cicatriz larga, pasar el dedo índice por ella. Las cicatrices interiores o la de la episiotomía se examinan mentalmente: basta con preguntar mentalmente por la cicatriz.

Para eliminar las interferencias de la cicatriz no vamos a utilizar como en otros procesos el símbolo que muestra el tensor (es decir, para el Grado 7 no vamos a utilizar 2 rayas paralelas y el signo del seno), sino solo el símbolo:

- 1 raya y
- Signo del seno.

Cuando compruebe que una cicatriz es negativa, coloque lo primero una tarjetita con una raya dibujada sobre la cicatriz (como si quisiera tachar la cicatriz) y realice de nuevo la comprobación. Si ya se ha producido el «equilibrio», pinte la raya de igual modo sobre la cicatriz para que la armonización sea completa. Si la raya no basta para alcanzar el Grado 1, coloque el signo del seno sobre la cicatriz y observe de nuevo la desviación. Pinte el signo del seno en la dirección de la cicatriz para alcanzar de forma más eficaz el Grado 1. En cicatrices más largas puede ser necesario colocar más rayas individuales en distintos puntos.

Para las cicatrices interiores o la de la episiotomía puede usted actuar del mismo modo que para la transferencia con agua. Para ello utilice ahora el signo que muestra el tensor (es decir, para un Grado 6, 1 raya y el signo del seno, etc.).

Informe basado en la experiencia: Nódulos en el tiroides y una gran cicatriz por quemadura en el cuello

Historial: la señora H., de 40 años, fue al médico debido a unas dolorosas hemorroides; este quería concertar de inmediato una operación para eliminar las hemorroides. Ella relató que en el año 2000 le habían quitado una muela del juicio y que seguidamente desarrolló hipotiroidismo y, posteriormente, hipertiroidismo. Se le detectaron nódulos tiroideos calientes, la paciente tomó pastillas de yodo hasta el año 2003, pero luego las dejó porque no había cambiado nada y, en general, no le hacían bien. Desde que dejó de tomar las pastillas tuvo diarrea. Ella no estaba contenta con el tratamiento, se sentía indispuesta, los médicos no eran capaces de interpretar las idas y venidas del tiroides y no le dijeron si los nódulos eran activos o no. Ellos le aconsejaron que se operara los nódulos «como medida de precaución».

Cuando tenía un año de edad le extrajeron a la señora H. una marca de fresa de la zona del cuello-pecho; posteriormente se la dejaron olvidada bajo a un aparato de irradiación. Desde entonces tuvo una quemadura de 15 x 15 cm y bastante gruesa por la que padeció mucho durante su pubertad. Además, debido a ella no podía inclinar la cabeza hacia adelante. Se disgustó mucho con sus padres.

La señora H. obtuvo cita para seguir otro tratamiento. Primero la estabilicé mediante el equilibrio energético y eliminé las interferencias de la cicatriz del cuello mediante el dibujo de signos y la transferencia con agua: «cicatriz cuello» con 2 rayas y el signo del seno. El psicomeridiano mostraba una carga hacia su padre. Escribimos en una hoja «relación con el padre» junto a un signo que ella debía ver con frecuencia. Además, le receté un medio homeopático que yo antes había probado.

Durante los siguientes exámenes el estado del equilibrio energético cambió positivamente y también la cicatriz mejoró en dos grados. Debido a la carga de amalgama que se mostró en el equilibrio energético en los puntos de los meridianos, realicé con la paciente una eliminación de mercurio y comprobé la dosis exacta de alga Chorella, un remedio para el hígado, y vara de oro para los riñones. Asimismo, recibió esencia de roble.

Algún tiempo después la señora H. me telefoneó para contarme una serie de reacciones curativas que habían ocurrido. La primera reacción fue la desaparición de las hemorroides (¡de las que ya debía haberse operado!). Dos semanas antes la cicatriz del cuello había reventado. Sangró mucho. En el lugar del sangrado empezó a aparecer nuevo tejido rosa. La señora H. podía volver a inclinar la cabeza hacia adelante por vez primera desde su pubertad, sin dolor ni tirones.

Tratamiento ulterior: la paciente sudaba por las noches y tenía los ojos hinchados, tenía la sensación de que su cuello era más grueso, pero ya no tenía nódulos, tosía por las noches y tenía la impresión de que se debía a las pastillas que estaba tomando para la tensión arterial. Psíquicamente se encontraba muy bien. La señora H. notaba que se encontraba mejor cuando tomaba los remedios homeopáticos. En consecuencia, comprobamos el plazo de tiempo que llevaba tomándolos; todavía debía continuar tomando dos de ellos. Sustituimos las pastillas para la tensión progresivamente mediante la transferencia con agua.

Un mes más tarde la señora H. acudió a una revisión con su médico: sus valores tiroideos eran completamente normales, los nódulos habían desaparecido. Ella estaba muy agradecida.

Modificar enfermedades: transferencia con agua en la práctica

«Modificar» enfermedades o trastornos significa armonizar las oscilaciones (frecuencias) incompatibles que, ya sea desde el exterior (polen, cargas del entorno) o desde el interior (emociones, pensamientos) llegan hasta nosotros.

Aquellas células que tal vez llevan mucho tiempo almacenando información perjudicial y que, hasta ahora, producían todas las células nuevas siguiendo este patrón, pueden recordar de este modo su información sana original. La mejor manera de despertar este recuerdo es almacenar la nueva información en agua, mejor dicho, «borrando» la antigua información incompatible.

¿Cómo podemos sin más transferir al agua información curativa concreta? La información que debe ser transferida al agua debe sujetarse en la mano izquierda (los zurdos en la derecha). Tomemos, por ejemplo, que usted tiene alergia al polen de avellano con un Grado 5 en el círculo energético. Escriba «polen de avellano» en una hoja de papel y dibuje el símbolo «1 raya y el signo del seno» con un rotulador. Coja un vaso lleno de agua (sin dibujos ni de plástico) con la otra mano. El agua debería ser, si es posible, sin gas.

Observe ahora la información que hay en la hoja y que usted quiere transferir al agua durante unos 3 minutos. Imagine cómo la información pasa a través de su cuerpo en dirección al vaso de agua. Permanezca completamente relajado; no debe usted concentrarse en exceso, deje que la energía fluya de izquierda a derecha. La mano izquierda toma la energía, la derecha la transmite al agua (en el caso de los zurdos sucede al revés).

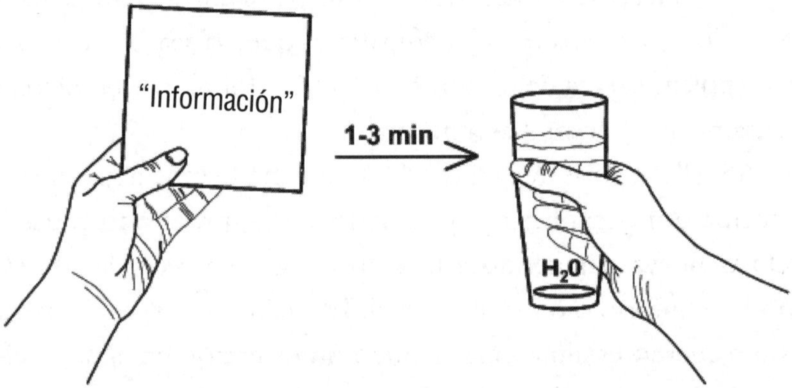

La información es absorbida a través de los ojos, las células nerviosas y sensoriales, y sobre el chakra (punto energético) de la palma de la mano, y transmitida al agua. Después de 3 minutos puede estar seguro de que la transferencia ha finalizado y que el agua ha recibido suficiente información. Tómese su tiempo para beberse el agua. Ahora la información se repartirá por todas las células del organismo. Con este método «izquierda-derecha» usted puede, una a una, transferir la información que desee para darle a su organismo un impulso positivo, además de sustancias materiales como colores o sonidos.

Informe basado en la experiencia: TDAH

Historial: Robert, nacido en 1993 era un niño maravilloso. Durante el embarazo su madre tuvo dos infecciones, las contracciones aparecieron prematuramente. El niño dormía durante el día entre 1 y 2 horas seguidas, por las noches entre 2 y 3; el desarrollo corporal iba algo retrasado. Robert tenía de bebé un pie zambo, a los seis meses el pequeño tropezó en una escalera de piedra, por fin dormía profundamente y no presentaba ninguna anomalía tras el tropezón. Al entrar en la guardería con 3 años junto a su hermana sufrió por la separación de su madre, lloró mucho (había sido criado por su madre durante 3 años). La escolarización a los 6 también fue difícil: Robert se interesaba por todo, menos el colegio. En la primavera de 2001 tenía dificultad para respirar por las noches, debido a ello, realizaron una reforma en la casa, además, tomaba medicamentos con cortisona. En el año 2002/2003 una prueba confirmó que tenía TDHA (Trastorno por Déficit de Atención e Hiperactividad), el llamado Síndrome de Zappelphilipp, y el muchacho debía tomar diariamente 2 veces al día media pastilla con el principio activo Ritalin. Durante las vacaciones dejó de tomar el medicamento. Robert se mostraba muy desconcentrado. En octubre de 2003 la dosis aumentó a media pastilla 3 veces al día. Desde que empezó con la medicación ya no tenía asma. Además, empezó a recibir tratamientos osteopáticos.

En abril de 2004 Robert acudió con su madre a mi consulta. Lo primero que realizamos fue un equilibrio energético, además, trabajamos el destete y la separación de la madre mediante la transferencia con agua. Comprobé que podíamos reducir la toma de Ritalin a dos días por semana durante las siguientes cinco semanas. Esto sucedió por medio de la transferencia de información a placebo y agua; se transfirió la información «Ritalin» a estas sustancias con el respectivo código de barras. Además, hubo dos remedios homeopáticos que se comprobaron beneficiosos y se le administraron al paciente.

En la siguiente cita probamos a reducir la toma de Ritalin a tres días de igual forma que anteriormente. Realicé de nuevo el equilibrio energético y comencé con una eliminación de los metales pesados con alga Chlorella, vara de oro, cilantro, ajo de oso y cardo mariano. Probamos el término «TDAH-niño-Robert» y eliminamos las interferencias mediante la transferencia con agua. Robert comentó que se encontraba bien y que se sentía mejor que con el Ritalin. Estaba muy motivado para hacer las cosas bien, siguió todas las instrucciones correctamente y no mostró ninguna anomalía.

En agosto de 2004 hablé por teléfono con su madre. A Robert le iba mejor que nunca, no había empeorado en la escuela y podríamos «sustituir» el Ritalin en unos días.

A mediados de septiembre comprobamos que la toma de Ritalin podía eliminarse mediante la transferencia de información. Por fin, Robert tomó el medicamento en forma de agua y placebo cargados de información. Le fue estupendamente, los dolores de estómago y las náuseas que sufría constantemente mientras tomaba el Ritalin desaparecieron por completo.

Finalmente, llevamos a cabo un examen de alergia y dio positivo al aceite de germen de trigo, al benzoato, al fosfato tricálcico E 341 c y al aluminio. Todas las alergias mostraron interferencias y las eliminamos mediante la transferencia con agua.

Hay que señalar también que el aluminio provoca inquietud, problemas de concentración y, desde el punto de vista clínico, es similar al Alzheimer. En mi opinión, en los adultos se llama Alzheimer y en los niños problemas de concentración. Para gran alegría nuestra, a Robert le sigue yendo mejor que nunca.

Combinación del «poder del agua» y los símbolos

Erich Körbler llevó a cabo muchos experimentos relacionados con la transferencia de información al agua y a otros materiales (Véase el especial 3 de *Raum & Zeit* de la editorial Ehlers) y los resultados, afortunadamente, se han hecho públicos varias veces y son fácilmente comprensibles.

La utilización de combinaciones de rayas y el signo del seno, y el poder del agua hace posible la transformación (modificación) de información incompatible con el organismo en compatible. Los signos que aquí queremos aplicar son el signo del seno, una raya y el signo del seno, y 2 rayas paralelas y el signo del seno.

Con este método se pueden «desprogramar» influencias negativas, es decir, oscilaciones incompatibles como alergias, intolerancia a ciertos alimentos o contaminación electromagnética. También la micosis y las sustancias tóxicas como el mercurio o la amalgama pueden eliminarse. También se le puede dar un impulso curativo a las creencias y los comportamientos que nos bloquean mediante una desprogramación.

Ejemplo: Usted sospecha que tiene intolerancia a la leche porque cada vez que toma productos que contienen leche le duele el estómago o tiene diarrea. Represente el círculo energético y pregunte: «¿Cómo tolero la leche?». Espere a ver la desviación. Pongamos que la desviación del tensor equivale a un Grado 7, es decir, se mueve en círculo hacia la izquierda. Ahora, escriba en un papel la palabra «leche» y dibuje con un rotulador grueso 2 rayas paralelas y el signo del seno, el símbolo armonizador para el Grado 7.

Ahora coja un vaso de agua con la mano derecha. Sujete la hoja con la izquierda y obsérvela. Imagine cómo la información («leche» más 2 rayas paralelas y el signo del seno) fluye por su cuerpo hasta el agua y allí es absorbida. Este proceso dura alrededor de 3 minutos. Entonces, la transferencia de información está concluida. Bébase el agua a su ritmo.

Importante: pregunte después cada cuánto tiempo debe repetir esta «transferencia con agua», ya que solo a través de la repetición se conseguirá un estado estable.

Para eliminar alergias, intolerancias a alimentos, cargas por metales pesados e, incluso, temas psíquicos con ayuda de la transferencia con agua lo primero que debe hacer es «reducir» paso a paso el grado de la carga. Eso significa que a una transferencia con agua con 2 rayas y el signo del seno o con 1 raya y el signo del seno le debe ir seguida, la mayoría de las veces, por una eliminación del mismo tema con el respectivo símbolo inferior.

Por eso, una vez que haya pasado el tiempo durante el que debe aplicar el primer símbolo armonizador (tomemos de muestra 2 rayas-seno) si es necesario algún otro signo (por ejemplo, 1 raya-seno) para equilibrar la incompatibilidad. Pregunte de nuevo ahora por la duración de la transferencia con agua.

La experiencia muestra que, en la mayoría de los casos, después de la transferencia del tema se puede establecer el equilibrio deseado con el signo del seno.

Informe basado en la experiencia: Asma

Emma, una muchacha de 15 años, se presentó en la consulta con molestias causadas por el asma. Vivía con sus padres y su hermana dos años mayor que ella, tenía una buena relación con su familia y, como suele ser normal a estas edades, cada dos por tres estaba de bronca con su hermana. El padre trabajaba a tiempo completo y la madre a tiempo parcial. En el hogar también había un gato. Emma asistía a 9º curso y era una buena estudiante. En su tiempo libre montaba a caballo en un picadero. Yo me encontré con una persona reservada y tranquila. Respondía a las preguntas de forma franca y era capaz de hablar acerca de sus sentimientos y de sus molestias. Emma mostraba un desarrollo normal para su edad, parecía algo gordita. Emma reaccionaba sobre todo al contacto con perros, pero también con su gato. No obstante, ella no quería deshacerse de él. Cuando en el picadero se levantaba mucho polvo, tenía la sensación de que el cuello se le hinchaba: tenía entonces dificultades para respirar y a veces tenía que interrumpir la clase de equitación. Las molestias también aparecían cuando se sentía muy cansada físicamente, por ejemplo, en clase de gimnasia, entonces le ayudaba el espray para el asma que le había recetado el médico.

El primer examen reveló una intolerancia a los productos con leche de vaca, salvo la mantequilla. Se pintaron varios puntos de su cuerpo para realizar el equilibrio energético. En el psicomeridiano se comprobó que tenía una carga a los 7 años y en el primer año de colegio.

Tema emocional: dejar ir. Deberes: hacer un dibujo con el siguiente contenido: productos de leche de vaca, asma, primer año de colegio —dejar ir, junto a ello el código de barras correspondiente para revertir la información. Después, realizar la transferencia de información al agua con el dibujo.

En la siguiente cita, Emma contó que había dejado los productos con leche de vaca, al principio le había resultado muy difícil, sobre todo el chocolate. Sin embargo, se encontraba mejor, le resultaba más fácil respirar; tan solo cuando realizaba esfuerzos seguía teniendo las mismas molestias. Realicé de nuevo el equilibrio energético y Emma pintó otro dibujo al que incorporó un signo para la transferencia de información. Esta vez, al examinar el hemisferio derecho del cerebro con las palabras «perro, perro, perro» no mostró ninguna reacción, pero con las palabras «gato, gato, gato» el tensor mostró una interferencia.

Emma continuó durante unas semanas con la transferencia de información en distintos puntos y, a lo largo del proceso, fue mostrando una mejoría cada vez mayor. La respiración era cada vez más profunda y cómoda, pero presentaba molestias cuando realizaba ejercicio, de modo que solo podía dar clase de gimnasia de vez en cuando. Ahora podía sostener a su gato en brazos sin mostrar ninguna reacción corporal.

En la siguiente cita la transferencia de información no se realizó mediante un dibujo, sino con pensamientos; además, le recomendé algunas sales de Schüssler.

En las siguientes citas probamos y modificamos más pensamientos.

Emma solo seguía notando problemas para respirar cuando hacía calor húmedo y cuando se esforzaba en extremo; el espray de cortisona solo lo usaba muy de vez en cuando.

Tras una última transferencia de información con el tema: frustración (su novio la había dejado), concluyó el tratamiento.

Hoy me encuentro con una muchacha alegre, joven y esbelta que está enamorada de nuevo. Solo come golosinas de vez en cuando, se preocupa por su alimentación y, en consecuencia, su figura ha cambiado a mejor. Emma ya no tiene problemas de asma. Incluso cuando realiza esfuerzo físico puede respirar sin problemas. Cada vez se divierte más con la hípica. Es una joven activa y alegre que se siente parte integrante de su familia, la escuela y la comunidad. Ha encontrado una nueva calidad de vida.

«Y» para estabilizar después de la modificación

Es importante que repita la transferencia con agua con la misma frecuencia y regularidad a como ha hecho con el tensor para poder conseguir un estado estable. Una vez pasado el tiempo para la eliminación el tensor se mostrará en algún momento «en orden», es decir, mostrará Grado 1 al preguntar «leche» (por seguir con el ejemplo). Es ahora cuando utilizamos el símbolo «Y» para estabilizar este equilibrio casi como señal de «Ahora está bien». Escriba de nuevo en una hoja la palabra «leche». Dibuje una gran «Y», y realice nuevamente la transferencia con agua con ayuda del efecto izquierda-derecha. Compruebe con qué frecuencia debe usted repetir este proceso (suelen ser entre 1 o 2 días). Ahora sí que ha terminado el proceso de eliminación de la «intolerancia a la leche».

El tiempo para la toma de agua curativa cargada de información puede variar mucho, desde «unos pocos días» hasta «varias veces al día» durante semanas. Lo mejor es escribir el tiempo necesario para la eliminación en una hoja como si fuera una receta. Por ejemplo, así sería para la intolerancia a la leche:

 más «leche»: 2 veces al día durante 5 días

 más «leche»: 1 vez al día durante 2 días

 más «leche»: 1 vez al día durante 1 día

---

Importante: ¡No demasiado de una vez!

Nosotras recomendamos no transferir más de dos o tres informaciones a la vez, porque el sistema bioenergético necesita tiempo para reducir poco a poco los bloqueos, y demasiado a la vez no es saludable; el organismo se sobrecargaría. Pregunte esto en caso de duda.

A pesar de que este procedimiento es muy sencillo y, ciertamente, basta con seguir con una transferencia con agua para borrar, por ejemplo, la intolerancia a un alimento, puede ser que tras un tiempo desde la mejoría se produzca una recaída. En esos casos, por ejemplo, una alergia, en los que el tema está conectado a otro tema psicológico subyacente, hay que seguir investigando. Veremos más al respecto en el capítulo «Psicomeridiano».

Eliminar tóxicos y amalgama

Los métodos de la medicina de la información son excelentes para proteger al organismo y eliminar los tóxicos. Si se comprueba con el equilibrio energético que el punto de amalgama Ig 19 bajo la fosa nasal derecha es negativo, hay que dibujar, lo primero, el correspondiente signo reparador directamente sobre la zona como «primera medida de ayuda». Con ello se consigue un primer equilibrio energético, pero los tóxicos, naturalmente, no se han eliminado todavía del organismo. Finalmente, el terapeuta puede averiguar qué sustancias tóxicas del entorno pueden ser las causantes de la enfermedad, por ejemplo, mediante test o medios especiales para comprobar los metales mesados. Puede tratarse de sustancias que se encuentren en la casa, pinturas, gases, tintes, vacunas, anestesias, medicamentos, etc.

Tras este examen, el paciente sabe qué sustancias debe evitar en el futuro; de forma paralela se puede comenzar con la eliminación.

Además del aluminio, el cadmio, el nitrato y el formaldehido, por nombrar solo algunas toxinas que nos rodean, los problemas de salud están, a menudo, estrechamente relacionados con la amalgama que se utiliza cada vez más en los empastes dentales. La amalgama contiene, además de plata, cobre, zinc y alrededor de un 50% de mercurio. El mercurio también se haya presente en algunas vacunas (antes de largos viajes) y puede, de este modo, entrar en nuestro organismo. Por suerte, las últimas tecnologías odontológicas permiten nuevas mezclas y productos menos perjudiciales para la salud.

Desde los estamentos oficiales no se ha dado hasta la fecha ningún aviso de riesgo para la salud. En Alemania, el Ministerio de Salud recomienda solamente a embarazadas, niños y enfermos renales que eviten el uso de la amalgama. Sin embargo, es indiscutible que las personas que tienen distintos metales en los empastes (por ejemplo, plata, amalgama o aleación de oro) muestran valores más altos de metales pesados, ya que la electrolisis que tiene lugar en la boca puede liberar mercurio y, de este modo, pasar al organismo. En él, el mercurio se deposita, sobre todo, en el tejido graso. Esto explica sus efectos neurotóxicos ya que el tejido nervioso está rodeado de grasa; el cerebro está compuesto en un 60% de tejido graso. El mercurio puede también alcanzar a los órganos y conducir a enfermedades y dolencias. La carga de amalgama también puede provocar alergias o favorecer el entorno en el que algunos hongos (por ejemplo, *Candida albicans*) se sienten a gusto.

Limpieza y desintoxicación como «madre de todas las terapias»

Si detecta con el tensor, por ejemplo, mientras realiza el equilibrio energético, una carga de amalgama y, a su vez, una alergia, lo primero que debería hacer es eliminar la amalgama, ya que, frecuentemente, con esta medida conseguimos mejorar la alergia. En la eliminación de tóxicos, la amalgama ocupa un lugar especial ya que solo puede ser eliminada del organismo de una forma combinada. La medicina ortodoxa, para ello, aplica en los envenenamientos agudos por mercurio los «agentes quelantes» DMPS y DMSA que forman complejos hidrosolubles con el mercurio y que pueden finalmente eliminarse a través de la orina o de las heces.

Estas cualidades también las contiene el alga Chlorella. Este alga de agua dulce se encuentra en la PraNeoHom® como medio adicional para la eliminación energética mediante la aplicación de símbolos ya que posee la capacidad de ligarse a la amalgama, mejor dicho, al mercurio, y luego puede eliminarse a través del hígado y los riñones. Con esta forma de eliminación a base de hierbas, ya sea vara de oro, ajo de oso y ciertas sustancias amargas, el hígado y los riñones se refuerzan. La combinación de «eliminación mediante símbolos y ayuda de hierbas con agentes drenantes» (drenaje = eliminación) ha resultado muy eficaz en la práctica.

Informe basado en la experiencia: Rinitis alérgica

Peter, nacido en 1961, vino en abril de 2002 a mi consulta y me contó que hacía 30 años que padecía una fuerte alergia al polen. Ni la inmunoterapia, ni la homeopatía clásica, ni la terapia de biorresonancia, ni tampoco la terapia craneosacral habían tenido éxito hasta la fecha. Tenía ante mí la viva imagen de la miseria: le lloraban los ojos, la nariz le moqueaba, le dolía la cabeza y tenía los bronquios congestionados. Cuando nada más le ayudaba, tomaba cortisona. La enfermedad apareció por primera vez a los 10 años cuando fue a ayudar en la siega del heno. Peter era una persona sensible y abierta a estos métodos curativos.

Lo primero que hice fue darle un impulso al cuerpo por medio de un equilibrio energético. Por medio del psicomeridiano averigüé con el tensor en qué año se produjo la causa de la enfermedad. Se vio que existía un trauma de nacimiento. A continuación, por medio de un signo geométrico y de una transferencia de información con agua guié la siguiente desprogramación: «trauma de nacimiento, alergia al polen, gramíneas». Al cabo de algunos días el paciente refirió una extraordinaria mejoría. Por vez primera podía estar en el jardín sin que le lloraran los ojos ni le moqueara la nariz.

En los siguientes tratamientos a medida que se le realizaron a Peter se le detectaron «alergia al polen de maíz» y «alergia al polen de la plantas que florecen tempranamente».

Dos meses después de comenzar el tratamiento la rinitis aparecía tan solo durante diez minutos al día. Mediante varios tratamientos solucionamos varios alérgenos especiales, como el álamo, el avellano, los mosquitos o el pelo de gato.

Dos meses más tarde Peter vino a mi consulta con una infección gripal. A través del psicomeridiano descubrimos que la causa era una relación traumática que había tenido cuando tenía 20 años. Al preguntarle, Peter dijo proverbialmente que «estaba hasta las narices». Escribimos la siguiente información en una hoja: «20 años, relación, infección gripal» con el correspondiente signo geométrico.

Durante dos años no volví a tener noticias suyas; entonces, vino de nuevo a mi consulta. En esos dos últimos años le había ido muy bien, pero ahora habían vuelto las alergias. Con el equilibrio de energía detecté una carga de amalgama y mercurio. Al preguntarle, el paciente me dijo que hacía 12 años le habían retirado seis empastes de amalgama, pero no había habido ningún seguimiento de la eliminación. Esta carga de amalgama no se había mostrado hasta hace dos años ya que hasta entonces la amalgama no se había encapsulado en el sistema nervioso y, por tanto, no era detectable.

La eliminación de la amalgama para Peter consistió en la información: «amalgama, mercurio» con el signo correspondiente y la toma de sustancias de refuerzo: alga Chlorella, tintura de ajo de oso, extracto de diente de león y vara de oro. Mediante la entrada de cilantro en la dieta se puede eliminar la amalgama y comprobar se esta se encuentra en el tejido conjuntivo. Por eso, en cuanto el tensor dejó de mostrar la presencia de amalgama en el tejido conjuntivo (en el caso de Peter fueron cerca de tres semanas) tuvimos que movilizar y eliminar la amalgama intracelular que se encontraba en el sistema nervioso mediante la ingesta de cilantro. Con ello también se eliminó poco a poco el aluminio, lo que momentáneamente provocó dolor de estómago y de cabeza, pero a la larga condujo a una mejoría considerable.

Tras la eliminación volvió a mostrarse una carga derivada de una vacuna anterior «polio, tétanos»; la carga psicológica de los primeros ataques de alergia hace 30 años y varias alergias que fueron modificadas: roble, abedul, rosa, tojo, boca de dragón y zinnia. A mediados de agosto todas las alergias y sus correspondientes síntomas habían desaparecido. Me despedí de mi paciente libre de cargas.

Informe basado en la experiencia:

Sinusitis (inflamación de los senos paranasales)

Klara tenía 61 años, estaba casada y tenía una hija de 22 años. Desde hacía cuatro años vivía la mayor parte de los meses separada de su familia en una pequeña casa en el campo. Desde que iba a la guardería la acompañaba un «intestino nervioso» con tendencia a la diarrea. Durante su edad adulta le aparecieron alergias, sobre todo al polen (avellano, abedul y ajenjo) con los típicos síntomas en los ojos y en la nariz, y hasta asma. Hacía unos 10 años que le habían detectado hongos en el intestino; le siguieron una terapia de colon y un saneamiento dental. En 1973 tuvieron que extirparle la vesícula debido a unas piedras. Tenía intolerancia a algunos alimentos como la leche, el apio, la fruta de hueso, las avellanas y el repollo. Padecía reacciones pseudoalérgicas a los aditivos alimentarios, la pintura, el barniz y los productos de limpieza. Como síntomas aparecieron sinusitis, bronquitis, afecciones de la piel, conjuntivitis y, con ello, agotamiento y debilidad.

Klara había aprendido a valorar los síntomas de su cuerpo y sus mensajes, y había cambiado muchas cosas en su forma de vida. Sin embargo, vivía sabiendo por la experiencia que el proceso curativo llevaría mucho tiempo en completarse.

Se presentó en la consulta agotada y con una sinusitis aguda y se preguntaba dónde la había vuelto a «coger».

Comenzamos el tratamiento con el «equilibrio energético». Observamos de manera muy llamativa los puntos del intestino grueso y del hígado; los pintamos de color verde y con su respectivo código de barras.

Una conversación sobre las posibles causas de la sintomatología hacía suponer que la evaporación de la pintura del techo del garaje tenía algo ver. Lo comprobé con el análisis: «Pintura del techo del garaje». Comprobé la dosis y duración de la transferencia con agua. Los síntomas mejoraron considerablemente en los primeros seis días y al terminar la transferencia con agua habían desaparecido por completo.

Klara no creía inicialmente en su capacidad para transferir la información que deseaba al agua, ni en que esta fuese a surtir efecto tan rápido. Por eso no había empezado con la terapia de inmediato. Pero un día más tarde tuvo un sueño del que se acordaba: «En el sueño debía escribir una redacción sobre el significado del agua. Dudé, no me veía capaz, pero entonces mi profesor me animó. Escribí lo importante que el agua es para las personas y que la Tierra se llama el planeta azul porque está formado por una gran superficie de agua. El agua lleva a los barcos, transmite la energía, el agua ayuda a que la sangre llegue a todas las células, podemos vivir un tiempo sin comer, pero no sin agua ni aire». A la mañana siguiente Klara empezó con la transferencia con agua.

Eliminación de metales pesados en la práctica

A continuación, vamos a poner un ejemplo de una carga por metales pesados y de cómo debería ser su eliminación:

1. Compruebe con el tensor lo fuerte que es la carga. Para ello, diga usted o su paciente la palabra «mercurio».
2. Escriba la palabra «mercurio» en una hoja y dibuje el signo correspondiente (por ejemplo, para el Grado 7 = ).
3. Finalmente, compruebe que plantas pueden ser necesarias:

- Alga Chlorella: ¿qué cantidad y cuánto tiempo?
- Sustancias drenantes para los riñones (por ejemplo, gotas de vara de oro): ¿cuántas gotas, con qué frecuencia (una o dos veces al día), durante cuánto tiempo?
- Sustancias drenantes para el hígado (por ejemplo, Herbanest): ¿cuántas gotas/hojas de té, con qué frecuencia, durante cuánto tiempo?

En el uso del alga Chlorella la dosis individual necesaria se sitúa entre 5-100 trozos al día de forma regular para poder acoplarse a las toxinas liberadas que circulan por el cuerpo.

Hay varias marcas que ofrecen ejemplos de test con medios psicoterapeúticos para la eliminación. Por favor, infórmese (por ejemplo, a través de internet) con las empresas directamente o con su médico o naturópata.

A menudo sucede que tras la eliminación de la amalgama se produce un «efecto capas de cebolla»: tras la eliminación de un metal pesado, mejor dicho, de una sustancia tóxica, aparecen más cargas por tóxicos que deben ser eliminadas una por una con ayuda de los símbolos curativos y de sustancias drenantes.

Parte III

AMPLIACIÓN DEL EQUILIBRIO DE LAS OSCILACIONES

El psicomeridiano

Para muchos terapeutas de las distintas vertientes de la Nueva Homeopatía el trabajo con el psicomeridiano constituye uno de los aspectos más importantes del proceso curativo, ya que, según las teorías de la medicina holística, siempre existe una causa psíquica detrás de las enfermedades. Cuando la repetición en la cabeza no muestra ningún equilibrio a pesar de haber realizado el equilibrio energético y haber eliminado todas las interferencias que podían causar la contaminación electromagnética, las cicatrices, las gafas, etc., es muy posible que esto se deba a un conflicto emocional sin resolver que tenga su origen en un acontecimiento pasado.

En el psicomeridiano, que transcurre desde la primera vértebra cervical y por el centro del cráneo hasta el punto más alto de la coronilla, se pueden examinar de una forma maravillosa los temas y las fechas de los bloqueos psíquicos.

El psicomeridiano representa una especie de línea de la vida que el terapeuta, con ayuda del tensor, puede examinar desde el presente, en el centro del cráneo, hasta el punto del nacimiento, en la primera vértebra cervical. A lo largo de esta «línea de la vida» podemos obtener acceso a la información almacenada sobre acontecimientos pasados de nuestra vida a través de ciertos puntos en los que el tensor reacciona mostrando una interferencia.

Lo primero, sin embargo, siempre es trabajar aquellos bloqueos que son más recientes.

Una vez hemos terminado este proceso, podemos seguir retrocediendo hacia el pasado.

Ejemplo: para averiguar a qué edad se originó la interferencia espiritual-emocional, empiece a recorrer muy lentamente con el dedo índice desde el punto GV 20, en la parte más alta de la coronilla, en dirección a la primera vértebra cervical (el hoyuelo sobre el que se asienta la cabeza). Observe la desviación del tensor que usted sostiene en la otra mano. Piense en el tema sobre el que desea usted preguntar. Deténgase en el punto en el que el tensor empieza a mostrar una desviación negativa y calcule la edad. Por ejemplo, si el paciente tiene 44 años (= punto más alto de la corinilla GV 20) y usted ha notado una desviación de Grado 7 a mitad de camino, la interferencia se halla en los 22 años. Frecuentemente, el paciente recuerda por sí mismo lo que le pasó a esa edad. Su reacción en ese momento puede venir acompañada de emociones intensas, por eso esta labor debería reservarse a terapeutas experimentados, o llevarse a cabo en seminarios.

En el trabajo con el psicomeridiano el terapeuta debería ofrecerle siempre al paciente la posibilidad de permanecer «anónimo»: él no debe informar a la persona que le trata de qué acontecimientos se esconden tras la interferencia. Es más importante que el propio paciente acceda de forma intuitiva al acontecimiento que origina el conflicto.

Ahora se comprueba de nuevo con qué emociones está relacionado este acontecimiento. La curación mediante símbolos y agua se apoya para ello en la relación de la Teoría de los Cinco Elementos de la Medicina Tradicional China, en la que cada elemento está relacionado con emociones como ira, agresividad, tristeza, etc. Una vez se ha averiguado la edad, el acontecimiento y las sensaciones a las que está ligado, vuelven a entrar en escena los signos para el equilibrio. Así, por ejemplo, se puede escribir sobre una hoja la siguiente información: «22 años, aborto, pérdida, dolor». Luego se dibuja con un rotulador grueso el correspondiente signo. Finalmente, se elabora un vaso con agua cargada de información para el paciente; por decirlo con palabras homeopáticas, su propio *simillimum*. Así, tal y como se ha descrito en el capítulo sobre la transferencia de información con agua, se examinan los pasos y la duración global de la armonización de las oscilaciones.

Informe basado en la experiencia: Miedo y ataques de pánico

En marzo de 2005 vino a mi consulta Shakti, una delicada y distinguida joven india, nacida en 1974 que se dedicaba a la fisioterapia, y que tenía ataques de pánico. Venía sufriendo estos ataques desde que te tenía 6 años. Cuando tenía 12 pasó todo un año sin poder salir de casa debido a estos ataques. Más tarde, sufrió abusos sexuales en varias ocasiones. Shakti tenía miedo a comer alimentos con cáscara, a volar y al agua (hidrofobia). Además, se quejaba de estreñimiento, intolerancia a ciertos alimentos y alergias, y presentaba valores altos de metales pesados.

A menudo, los miedos se somatizan y las personas desarrollan síntomas en el organismo, pero que solo tienen que ver con este de forma indirecta. Muchas veces se trata de intolerancia a ciertos alimentos que limitan su vida. El camino para salir de ahí pasa, lo primero, por curar el miedo, el origen. Por este motivo, lo primero que hice en el caso que nos ocupa fue reparar la carga emocional y luego me ocupé de la salud corporal (eliminación del contenido de metales pesados y de la intolerancia a los alimentos).

Con ayuda del equilibrio energético examiné con el tensor dónde se encontraba el desequilibrio en el sistema energético y pinté el correspondiente punto del meridiano con signos geométricos. Después averigüé con ayuda del psicomeridiano en qué edad descansaba el origen del trauma de Shaktis.

El tensor indicó una carga a los 2 años. Shakti no era capaz de recordar nada de lo había sucedido, pero pudimos averiguar juntas qué sentimiento estaba relacionado con el acontecimiento. El hecho de averiguar esto y aceptarlo resulta muy útil para acercar el trauma, sobre todo cuando el suceso está olvidado o reprimido. Nos topamos con ira, apego y pánico. Juntas elaboramos la modificación del trauma y, a lo largo de las siguientes semanas, Shakti la aplicó por medio de la transferencia con agua. Además, le mostré de qué modo debía tomar conciencia de sus miedos cuando estos aparecieran. Le recomendé que los acogiera, los abrazara y les diera la bienvenida. Para reforzar el proceso curativo grabamos sonidos y colores (azul) sobre una piedra de cuarzo rosa que Shakti debía llevar durante cuatro semanas envuelta en un pañuelo y atado al tobillo. Fue iniciativa suya llevar la piedra de esta manera, yo le había recomendado el bolsillo del pantalón. Dos meses más tarde Shakti acudió a mi consulta. Irradiaba positividad. Ella me contó que los ataques de pánico habían desaparecido por completo, así como los problemas derivados de ellos y que afectaban a su relación. Ahora que la carga emocional había sido eliminada, nos pusimos a trabajar en el ámbito del sistema celular y de la recuperación del organismo. Por medio de la modificación con agua eliminamos los metales pesados y tratamos la intolerancia a los alimentos.

Shakti se sentía emocional y físicamente mejor que nunca y veía la vida con plena confianza. El caso de Shakti ilustra las increíbles posibilidades que ofrece este método para ayudar a las personas emocional y físicamente.

Los signos geométricos no solo actúan sobre los síntomas corporales, sino también a un nivel más sutil, naturalmente también a nivel psíquico. A través de esta información reversora conseguimos transformar la energía perturbadora que provoca los bloqueos y las posibles enfermedades en energía armoniosa que, no solo no le hace enfermar, sino que hace que se encuentre más sano. La energía que vuelve a fluir de manera libre y sin trabas estimula el poder de autocuración. Así, también las enfermedades psíquicas pueden experimentar la curación. Muchos pacientes describen el trabajo con el psicomeridiano como una «sesión de ruptura» porque experimentan un «impulso inicial» en el proceso de curación.

El trabajo con el psicomeridiano resulta muy útil para tratar conflictos emocionales sin resolver, bloqueos psíquicos, adicciones, traumas, miedos y fobias.

La terapia de los chakras y del aura

Además del trabajo con el psicomeridiano, la terapia de los chakras y la terapia del aura ofrecen múltiples posibilidades para avanzar en las causas de las enfermedades físicas y mentales y eliminarlas paso a paso.

Los chakras son centros de energía que captan información del campo mórfico sobre las distintas capas del aura, que luego transmiten a los meridianos, procesan y de nuevo emiten. Cuando una o más capas del aura o los chakras se bloquean, pueden aparecer dolencias emocionales-espirituales, así como también físicas.

Repartidos por el cuerpo hay, además de numerosos y pequeños chakras, siete grandes centros con distinto radio de acción.

Chakra raíz (chakra base)

El *chakra raíz* está situado entre el hueso sacro y el coxis, y representa nuestra unión con la Tierra. Aquí es donde se capta la energía vital y luego se transmite a los demás chakras. Las personas con un chakra raíz bien desarrollado se sienten seguras, irradian frescura vital y en la mayoría de los casos tampoco tienen problemas materiales. Cuando el chakra raíz está bloqueado, a menudo falta fuerza motriz y al organismo, en general, le falta energía.

Chakra sexual

El *chakra sexual* está situado debajo del ombligo. Los temas aquí son: la sensibilidad, el deseo y la devoción, pero no solo en el aspecto sexual, sino también dar y recibir a nivel corporal y emocional. Las personas cuyo chakra sexual fluye pueden entregarse por completo a su misión y dejan entrar a los demás.

Un chakra sexual abierto no solo representa la procreación de los hijos, sino también todas las demás formas del acto creativo, por ejemplo, en el arte o la música.

Chakra del plexo solar

El *chakra del plexo solar* está situado en el centro, sobre el ombligo. Desde el punto de vista corporal, está relacionado con los órganos de la digestión, como la vesícula, el hígado, el estómago y páncreas. Este chakra es nuestro «centro de poder». Naturalmente, todos necesitamos agresividad para poder llevar a cabo un objetivo.

Cuando nos encontramos con resistencia en el camino, voluntad y poder deben ser suficientes para acabar con ella y proseguir nuestro camino.

Un bloqueo puede manifestarse, por un lado, mediante una debilidad que alimente interiormente la agresividad, pero también mediante un poder excesivo que, por ejemplo, puede llevar a la persona a intentar conseguir su meta mediante métodos injustos.

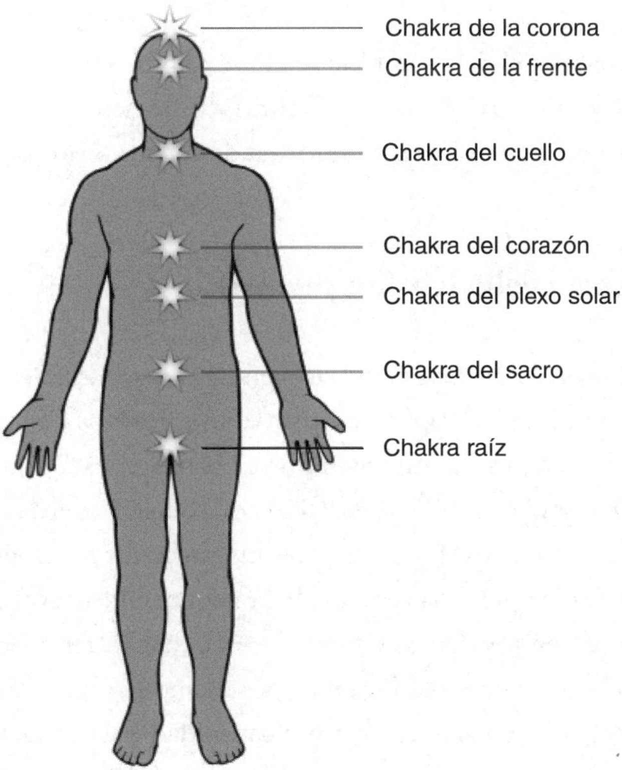

Chakra del corazón

El *chakra del corazón* está situado en el centro del cuerpo conecta los tres chakras superiores con los tres inferiores. Simboliza nuestra capacidad para amar. Una persona con un chakra del corazón desarrollado sabe aceptar a las personas como son; es comprensiva, sociable y acepta de buen agrado la responsabilidad social. Quien escucha a su corazón siente los profundos nexos de la vida y no busca solo realizar sus propios intereses, sino también los de los demás.

Un chakra del corazón bloqueado se manifiesta mediante desafecto, insensibilidad o vacio interior. La falta de amor conduce a menudo a adicciones, ya sea en forma de dinero, éxito o drogas.

Chakra del cuello (chakra yugular)

El *chakra del cuello* está situado en la zona del cuello y la nuca y representa nuestra capacidad para comunicarnos abiertamente y saber escuchar a los demás. A nivel corporal está relacionado con el tiroides, la respiración, los bronquios, las cuerdas vocales, los pulmones y el esófago. El pensamiento y los sentimientos se unen aquí. Una persona con un chakra del cuello armonioso sabe entenderse con los demás y también escuchar. Cuando existe un bloqueo, esto puede manifestarse, por ejemplo, con timidez, tartamudeo, parloteo sin sentido o incapacidad para escuchar a los demás.

Chakra de la frente (tercer ojo)

El *chakra de la frente* está situado entre los ojos y representa la capacidad imaginativa, así como la perspicacia y nuestra visión interior. Ayuda a la hora de pasar de una idea inacabada a una concepción detallada. Las personas con un tercer ojo fuertemente desarrollado se encuentran a veces en la situación de pensar en algo con tanta energía que pueden enviar este pensamiento telepáticamente. Cuando el chakra de la frente está bloqueado, pueden aparecer pesadillas, miedos excesivos y preocupaciones ya que uno no está en situación de ver el futuro con calma. Falta perspectiva.

Chakra de la corona

El *chakra de la corona*, situado en la coronilla en el centro de la cabeza, nos une con el mundo espiritual y el origen de toda existencia. Cuando este centro de energía está abierto, encontramos inspiración, tenemos buena intuición, mucha energía espiritual y una percepción profunda de los nexos de la vida. Quien se siente unido al mundo espiritual no tiene miedo, porque es un verdadero sabio. Los bloqueos en el chakra de la corona pueden manifestarse en una profunda falta de orientación o de sentido común. Este vacío, sobre todo en la segunda mitad de nuestra vida, puede conducir a una sensación de miedo, desarraigo o soledad.

Para el trabajo con la Nueva Homeopatía las capas más importantes del aura van de dentro a fuera:

- *Aura psíquica,* intrincada en el propio organismo;
- *Aura emocional,* en donde se encuentran almacenados nuestros sentimientos y nuestro ánimo;
- *Aura mental,* en donde se almacenan nuestros patrones mentales;
- *Aura espiritual,* que hace posible nuestra conexión con el mundo espiritual.

Informe basado en la experiencia: Tratamiento del chakra

Un profesor de música había comprado un instrumento de cuerda africano muy raro en el que había fijadas tres cuerdas de cuero.

Cada vez que intentaba tocar el instrumento empezada a sentir escalofríos y picores por todo el cuerpo. No era capaz de tocar el instrumento, pero quería conservarlo. El examen del aura mostró un Grado 7 en la capa emocional; el examen de los chakras detectó un bloqueo en el chakra sexual. También los temas «culpa» y «remordimiento» mostraron un Grado 7. Durante este proceso el hombre se acordó de una mujer en África a la que le hubiera gustado mantener una aventura con él. Sin embargo, él la había rechazado y todavía seguía guardando por ello un sentimiento de culpa. En este caso, probamos a utilizar como terapia un ritual de perdón en el fuego.

Dos días más tarde me contó que los picores habían desaparecido y que ya era capaz de tocar el instrumento.

Equilibrio del aura y del chakra

La terapia del aura y del chakra es un trabajo muy sensible que requiere de una percepción y una reflexión sobre las oscilaciones del paciente. Dado que aquí se trata muy a menudo de emociones sin resolver y de antiguos conflictos, y la persona que estamos examinando deja aflorar emociones como tristeza o ira durante el proceso, deberíamos tener cierta experiencia antes de realizar esta maravillosa tarea y, naturalmente, estar abiertos a lo que venga.

Ya se trate de una capa del aura o de un chakra, podemos trabajar los temas con el tensor, dirigiendo nuestro pensamiento hacia la zona en cuestión o señalando el chakra con el dedo índice. Cuando una capa del aura o un chakra muestra un grado peor que el 5 es que existe un bloqueo. Esta zona energética, así como los órganos o glándulas respectivas, no recibe la suficiente energía vital y pueden aparecer, tarde o temprano, enfermedades.

Para su tratamiento son muy recomendables los sonidos, los ritmos, los colores, el trabajo con los pensamientos o también los rituales curativos. La experiencia nos muestra que las interferencias en el aura emocional reaccionan muy bien a los sonidos, los colores y los rituales, mientras que un bloqueo en el aura mental suele responder mejor cuando se trabajan los pensamientos.

Sonido y ritmos

Con la ayuda de la Nueva Homeopatía no solo podemos aplicar formas geométricas y colores, sino también sonidos o ritmos.

Sonidos celestiales o ruidos infernales; desde que el japonés Masaru Emoto mostró con la formación de los cristales de agua de qué forma la música armoniosa, o disonante (Mozart o Heavy Metal) provoca estructuras caóticas u organizadas, uno puede imaginarse mejor cómo las oscilaciones entran en resonancia con nosotros y pueden tener un efecto nocivo o saludable. El doctor Hans Jenny mostró en los años 70 del siglo XX de qué forma actúan las ondas sonoras sobre la materia.

Además de los niveles muy sutiles (chakras y aura) las oscilaciones también pueden impregnar el agua de nuestros tejidos, que es la que conforma la mayor parte del organismo humano. Por tanto, somos susceptibles a las señales y a la información en forma de oscilaciones a muchos niveles. De ello podemos extraer lo siguiente: con la adecuada «estimulación musical» podemos eliminar el malestar y ayudar a que el organismo vuelva a estar en armonía.

Existen muchas investigaciones científicas sobre el efecto de la música, además de teorías, métodos: los tonos están relacionados con la frecuencia de los planetas (Joachim Erns Beherend, Hans Cousto), también los colores tiene una correlación con los sonidos (Isaac Newton), investigaciones sobre el sonido, los no natos prefieren escuchar a Mozart (Alfred A. Tomatis), y toda nuestra vida está impregnada de ritmo (Rudolf Steiner)...; por nombrar solo unos pocos extractos de los amplios estudios sobre música, el ritmo y los colores.

El uso terapéutico de sonidos o música puede resultar combinado con los métodos de la Nueva Homeopatía. Por ejemplo, los terapeutas de cuencos pueden detectar con el tensor sobre distintos puntos del cuerpo del paciente qué cuencos deben usar y en qué frecuencia deben tocarlos y comprobar así durante cuánto tiempo es buena la oscilación para él. Así el cliente recibe una dosis individual y óptima de «sonidos».

Los sonidos curativos o la música que se toca para curar pueden también ser grabados en la piedra. Una vez que se ha averiguado cuál es el tono adecuado, esta frecuencia puede transferirse a una piedra curativa mientras el paciente la sostiene con su mano derecha (igual que el vaso en la transferencia con agua) y el terapeuta golpea el instrumento. Este sonido curativo, mejor dicho, esta música curativa, no tiene nada que ver con los estudios de armonía; es posible que estos sonidos no suenen bien en nuestros oídos, pero la oscilación que producen desencadena un impulso curativo posi-

Relación entre los colores y el tono de la simbología tradicional

Color	Tono	Movimiento corporal	Sensación	Efecto
Rojo	Do	Respiración	Actividad, dinamismo, temperamento	Potencia, aceleración
Naranja	Re	Metabolismo	Alegría, viveza, optimismo	Originalidad, carisma
Amarillo	Mi	Sistema nervioso	Madurez, jovialidad, cambio	Comprensión, expresión
Verde	Fa	Ejercicio	Solidez, perseverancia, relajación, tranquilidad	Atracción, concentración
Azul claro	Sol	Percepción sensorial	Lejanía	Expansión, optimización
Azul oscuro	La	Circulación de fluidos	Satisfacción, esperanza, infinidad	Armonía, nostalgia
Violeta	Si	Regeneración	Egoísmo, soledad, moderación	Fantasía, reflexión

tivo en el paciente. Estas piedras curativas las puede llevar consigo el paciente a diario. También se pueden transferir mantras curativos de esta manera.

Otra variante posible es la clarificación del aura mediante ritmos y sonidos. Erich Körbler combinó aquí la Nueva Homeopatía con elementos del chamanismo. La mejor manera de aplicar este método es en grupo: la persona que recibe el tratamiento se sitúa en el centro, los otros participantes se sitúan en círculo alrededor de él, cogen instrumentos musicales como maracas, címbalos o campanas y hacen resonar estos instrumentos en el aura del paciente. También aquí los sonidos altos o arrítmicos pueden desencadenar el impulso curativo en el paciente. En el chamanismo es, precisamente, la «falta de ritmo» lo que origina el trance mientras los tambores arrítmicos casi trasladan al cerebro a una especie de estado original, el llamado «estado Alfa». La purificación del aura proseguirá hasta que el tensor del jefe del grupo se desvíe y muestre así que la dosis de sonido ha terminado. Este tratamiento tiene un profundo efecto purificador.

Informe basado en la experiencia: Dificultad de aprendizaje

Alina, de casi 8 años, solía tardar más que sus compañeros de clase en comprender las cosas. Por eso tenía problemas con su profesora y no sacaba buenas notas. La madre de Alina contaba que tardaba mucho en hacer los deberes y que, cuando por fin caía en lo que tenía que hacer, enseguida se le olvidaba y ella tenía que explicarle de nuevo los ejercicios. Su madre tenía la sensación de que podía estar relacionado con algunos medicamentos que había tomado durante el embarazo.

Trabajamos con un sonido curativo que transferimos a una piedra y preparamos dos transferencias con agua sobre el tema aprender/comprender/entender. Además, detectamos una lesión en la cabeza que Alina había tenido cuando era niña, así como sus sentimientos al respecto. Al final de la sesión «eliminamos» los medicamentos del embarazo. Alina colocó la piedra durante 16 días bajo la almohada de su cama y realizó la primera transferencia con agua. Descansó durante una semana y entonces realizó la segunda. Al principio, su madre no observó ninguna mejoría. Sin embargo, en el siguiente examen de matemáticas Alina sacó un sobresaliente, y dos días después Alina trajo otro sobresaliente en lengua. Los compañeros de Alina fueron a casa a felicitarla. Toda su familia estaba contentísima por el éxito, al igual que yo.

El trabajo con colores

Los colores pueden, al igual que los símbolos, los sonidos o los pensamientos, reforzar el poder de autocuración del organismo. No son sino frecuencias de luz que, en un momento dado, pueden ser o no adecuadas para nuestra propia frecuencia. Las células de todo ser vivo emiten ondas electromagnéticas. Aparte de la luz, se tratan en su mayoría de microondas invisibles al ojo humano. Las células se comunican entre sí mediante los llamados biofotones.

Un equipo de investigadores ruso logró, tras muchos años de trabajo, evidencias de que en el organismo humano existen tejidos vasculares para la luz que se corresponden exactamente con el reco rrido de los meridianos. Con ayuda de luz coloreada se puede filtrar información en el organismo a través de los puntos de acupuntura o mediante una vasta radiación y equilibrar una disonancia en el nivel energético.

Puede averiguar los colores adecuados con el tensor mientras, por ejemplo, observa distintas tarjetas con colores y se fija en el color con el cual el tensor señala un Grado 1. La oscilación del color con la que la oscilación del paciente está en resonancia puede establecer un impulso curativo.

Después de comprobar cuál es el color adecuado puede, por ejemplo, efectuar la radiación con una lámpara y una bombilla de ese color, o bien, con una pequeña lámpara de bolsillo y filtros de colores realizar la radiación sobre un punto de acupuntura.

Si trabaja con símbolos, siempre puede combinarlos con el color adecuado (por ejemplo, utilizando hojas de colores para llevar a cabo la modificación) y mejorar así su eficacia.

Efectos energéticos de los colores

- El **rojo** fomenta la actividad, combate el cansancio, estimula la circulación sanguínea y el metabolismo, la piel y las glándulas. El rojo refuerza la energía de los órganos sexuales. El rojo está asociado al chakra raíz.
- El **naranja** mejora la fuerza vital de los riñones, protege el tejido pulmonar, evita la congestión y elimina las tensiones emocionales. Es un color inspirador y estimulante. El naranja ayuda a las personas depresivas o letárgicas, es el color de la alegría y la sinceridad. El naranja está asociado al chakra sexual o sacro.
- El **amarillo** influye positivamente en los nervios y actúa favorablemente sobre el estómago, el intestino, el hígado, el bazo y el páncreas. El amarillo funciona muy bien contra la depre-

sión. El amarillo es el color de la creatividad, de la alegría y la curiosidad. El amarillo está asociado al chakra del plexo solar sobre el ombligo.

- El **verde** es el color del equilibrio y simboliza la armonía. Las radiaciones con el color verde calman al sistema nervioso y al cuerpo. El verde funciona bien para el nerviosismo, las tensiones y los problemas de sueño. El color verde está asociado al chakra del corazón.
- El **azul** tiene un efecto enfriador y antiséptico. Disminuye el pulso cardíaco y calma el dolor. También reduce la fiebre. El azul es el color de la autoobservación y la visión interior. El azul está asociado al chakra del cuello.
- El **índigo** es eficaz con los problemas emocionales y nerviosos y estimula la hipófisis. Mediante sus altas oscilaciones, el índigo tiene un efecto narcótico y es eficaz para curar las quemaduras. El índigo está asociado al chakra de la frente.
- El **violeta** estimula el campo espiritual y emocional. Tiene un efecto armonizador con las depresiones y las migrañas. El violeta, como color de la meditación, facilita el desarrollo de visiones. El violeta es la mezcla de dos colores, rojo y azul, y unifica las diferencias entre ambos: vida, fuego, poder (rojo) con tranquilidad, serenidad, visión interior (azul). El violeta está asociado al chakra de la corona.

El trabajo con los pensamientos según O. Carl Simonton

Los pensamientos «insanos» o las actitudes («dogmas») pueden tener un efecto negativo sobre nuestra salud y bienestar. Con la ayuda de los signos geométricos se pueden modificar pensamientos insanos sobre la base del método de O. Carl Simonton y devolver de este modo la armonía a la bioquímica de los sentimientos.

Todos conocemos el fenómeno de las «profecías autocumplidas». En la lucha contra el cáncer (y también en otras enfermedades) una actitud positiva y el firme convencimiento de curarse pueden ser la clave del éxito.

Las convicciones negativas («nadie puede ayudarme») pueden tener el efecto contrario.

Partiendo de esta idea, el investigador oncológico estadounidense O. Carl Simonton desarrolló una terapia especial para enfermos de cáncer. Simonton animó, con gran éxito, a sus pacientes con cáncer a que «lucharan» contra las células cancerosas degeneradas.

Se llevaron a cabo sesiones de meditación donde se alentaba al sistema inmunitario del organismo para que interviniera en esta guerra. Cuando se encontraban en estado meditativo, los pacientes debían imaginarse cómo las células cancerosas eran combatidas mediante la terapia; al mismo tiempo, las células sanas no debían sufrir daños gracias a los medicamentos o a la influencia radiológica, que había sido llamada para ayudar a aniquilar a las células cancerosas. Los resultados de estas visiones fueron asombrosos. En muchos pacientes el tratamiento funcionó tan bien que en el plazo de unos pocos meses el cáncer había desaparecido.

Las curaciones fueron extraordinariamente rápidas y ni siquiera los efectos secundarios (no inofensivos) de la radiación, o de la quimioterapia pudieron dañar las células que habían sido reforzadas mentalmente.

Informe basado en la experiencia:

Mojar la cama con siete años

Corinna, de siete años, seguía mojando la cama por las noches. Por eso su madre la trajo a la consulta. Lo primero que hice fue realizar un equilibrio energético. Luego trabajamos el tema «mojar la cama por las noches» con el correspondiente código de barras. Comprobé la duración y la dosis y transferimos la oscilación con unas gotas neutras (sin principio activo), que Corinna aceptó sin problemas.

Posteriormente, hablé por teléfono con su madre (las gotas ya se habían acabado) y ella me contó que todo había ido muy bien mientras tomaba las gotas, pero que ahora había vuelto de nuevo a su anterior estado.

En nuestra siguiente cita volví a realizar primero el equilibrio energético, le pinté a Corinna los puntos que habíamos examinado y me puse a trabajar con el psicomeridiano el problema de mojar la cama. Este se mostró a los cuatro años; examinamos los términos «desolada», «aquí no hay sitio para mí» y «superflua» con el mandala de los sentimientos. Anotamos todas estas palabras junto con el nombre de la paciente y el problema en una hoja de papel, y encima pintamos el correspondiente signo. Se comprobó la dosis y la duración de nuevo y esta vez la transferencia de la oscilación se realizó con agua. Además, Corinna me hizo un dibujo, lo colocamos sobre un folio y, a continuación, dibujamos encima distintos códigos de barras. Durante el tiempo que duró el tratamiento la paciente colgó el dibujo en su dormitorio.

La siguiente edad mostró «tres años», «enero» y «estrés». También trabajamos este tema. Al hablar con la madre, salió a la luz que la primera edad que se había evidenciado se correspondía con un accidente del hermano de Corinna que lo dejó en silla de ruedas y completamente dependiente.

Dado que la familia tenía cuatro hijos y su propio negocio, fue una situación muy difícil que dejó huella en todos los miembros de la familia.

Unos tres meses más tarde volví a hablar por teléfono con la madre. Corinna se encontraba bien, el problema de mojar la cama había desaparecido.

Las convicciones y los pensamientos influyen decisivamente en nuestras vidas y en nuestra salud. Rigen nuestra conducta y nuestra percepción. Muchas personas acarrean consigo pensamientos que llevan acumulando desde su niñez (padres, maestros,...) y que han almacenado en su subconsciente. Con la Nueva Homeopatía hacemos, por decirlo de algún modo, un «reseteo»; eliminamos información que nos estorba en nuestro desarrollo y la sustituimos por la «forma renovada».

En la práctica, esto se hace así: doblamos una hoja de papel por la mitad. En la mitad izquierda escribimos los pensamientos que queremos eliminar, comprobamos el signo que debemos utilizar y lo pintamos sobre esta frase. En el lado derecho de la hoja el terapeuta y el paciente trabajan juntos la forma renovada de esta frase. Mediante este proceso podemos establecer el impulso curativo mediante las llamadas afirmaciones positivas. Para reforzar, se dibuja el símbolo «Y» sobre la afirmación. Luego se realiza la transferencia de toda la información que hay en la hoja al agua tal y como se ha descrito en el capítulo sobre la transferencia con agua.

A continuación, tiene usted ejemplos de cómo se puede modificar un pensamiento concreto:

Pensamiento negativo	Afirmación positiva
No puedo hacerlo	Estoy abierto a nuevas posibilidades que se presenten en mi vida.
No valgo la pena	Cada persona es una criatura de Dios. Salud, bienestar, amor y alegría obedecen a mi naturaleza divina.
Debo esforzarme mucho para todo	La cualidad de la ligereza lúdica puede entrar cada vez más en mi vida. Así el trabajo se hace más alegre y divertido y todo resulta mucho más sencillo.

El trabajo con animales y plantas

Todas las pruebas y las posibilidades de equilibrio que ofrece la aplicación de símbolos podemos utilizarla, naturalmente, no solo con personas, sino con cualquier otro organismo vivo, por tanto, también con animales y plantas.

Las plantas afectadas por plagas pueden ser ayudadas por medio de la transferencia de información al agua de riego.

La mera utilización de los signos geométricos o de la «Y» en el agua contaminada o, por ejemplo, para la reducción del consumo de carburantes muestra unos resultados prometedores. ¡Sea usted creativo y haga sus propias pruebas, se asombrará de que todo funcione!

Las enfermedades y los problemas de comportamiento en perros, gatos, caballos y otros animales pueden estar derivados, al igual que en las personas, por una mala alimentación, angustia, estrés u otras disonancias del campo energético.

También en animales es posible que el síntoma físico esté ligado a un conflicto que se remonte años. O el animal tiene una fuerte alergia y no tolera el pienso, o la cantidad de pienso es errónea. No olvidemos tampoco que el animal algunas veces solo expresa lo que el dueño debe solucionar en sí mismo. La experiencia demuestra que los animales, a menudo, dejan de «mostrar» sus síntomas físicos una vez su dueño pudo resolver un profundo conflicto emocional. En el campo sistémico el dueño había proyectado su conflicto sobre el animal (de compañía). Asimismo, en este sentido los animales son nuestros mejores amigos y ayudantes. Nos advierten de nuestros propios asuntos.

Informe basado en la experiencia: Caballos

Obstrucción de garganta

Gordon, un caballo de 4 años, tenía todos los síntomas típicos de una obstrucción de garganta: rigidez en el cuello, sofocos, temblores, calambres en las ijadas. Llamaron enseguida al veterinario al tiempo que yo examinaba el trastorno con el tensor.

Aparecieron fuertes desequilibrios en el centro del cuello y en las ijadas. Pinte el correspondiente código de barras en estos puntos y después de unos cinco segundos liberé la obstrucción y la masa de la boca y la nariz de Gordon. Pasados unos minutos se tranquilizó y se mostraba un poco fatigado. Cuando llegó el veterinario no pudo detectar ninguna molestia. Dejamos los signos durante tan solo un día. A la mañana siguiente los retiramos y Gordon ya no mostraba ningún síntoma de enfermedad.

El caballo ya no se mueve

Nos llamaron porque Zeno, un semental de 14 años, llevaba un par de días que no se movía. El veterinario no fue capaz de encontrar ninguna señal externa de una lesión y supuso que se trataba de una intoxicación. El tratamiento no dio resultado. Cuando nosotras llegamos, nos encontramos a un semental con la cabeza gacha, sudores, los ojos llorosos y las orejas caídas, que no se movía en el establo. Lo primero que realizamos fue el equilibrio energético y aparecieron trastornos en la zona del corazón, el punto de inflamación, circulación-sexualidad y pulmones.

Mientras pintábamos los correspondientes códigos de barras en los puntos de los meridianos afectados, el comportamiento del caballo cambió visiblemente. Al cabo tan solo de unos minutos apareció el brillo en sus ojos, las orejas volvieron a levantarse, se sacudió y bebió. El semental comenzó a moverse por su cuenta a los cinco minutos aprox. También examinamos una hinchazón en los tendones musculares del peroné y transferimos la respectiva información curativa a una manzana que Zeno se comió al instante. Mantuvimos los códigos de barras durante seis días y seguimos dándole manzanas con información durante algunos días más. Tras finalizar el tratamiento Zeno volvía a mostrar la actitud de un semental, se paseaba por el establo y saludaba alegremente a los demás caballos.

Fuerte eccema

Fu Fu, una yegua de 24 años, estaba afectada por un fuerte eccema; tenía marcas de llagas en el abdomen y en la dentadura y mostraba lesiones sangrantes en la cara interior de los muslos. Al examinar las alergias con el tensor, llegamos a la siguiente conclusión: alergia a la hierba. La tratamos con el correspondiente código de barras. Le dimos la manzana con información durante varios días y el resultado fue que al poco tiempo la piel empezó a curarse, tan solo presentaba leves picores; pero ninguna lesión por mordedura ni heridas abiertas.

Serios problemas de piel y de desarrollo epidérmico

Randalf, un caballo capón de 3 años, tenía problemas de piel y de desarrollo epidérmico, estaba en los huesos a pesar de que comía con normalidad; era el caballo más débil de la manada.

Se le realizó un equilibrio energético y varios meridianos mostraron interferencias que fueron armonizadas con los correspondientes códigos de barras.

Mantuvimos los códigos de barras sobre la piel durante 10 días con el siguiente resultado: crecimiento capilar muy rápido (al cabo de cuatro semanas aprox. Randal había recuperado todo su pelaje). Y volvió a engordar.

El impulso para la autocuración se puede dar de diferentes formas, ya sea mediante plantas y remedios homeopáticos, flores de Bach, colores, música, equilibrio de la contaminación electromagnética y las radiaciones, o mediante la aplicación de nuestros símbolos.

Con el tensor se puede examinar el estado de salud o la fuerza vital del animal, o comprobar en qué estado se encuentran los órganos afectados. En el caso de que, por ejemplo, el animal se encuentre junto a otros animales en el establo, compruebe el nivel de compatibilidad hacia los otros animales y tal vez lo mejor sea trasladar a ese animal a otro lugar mejor.

Cuando se trate de reacciones alérgicas o de intolerancias, realice el equilibrio con los signos geométricos tal y como hemos visto para las personas. Si, por ejemplo, un caballo no tolera el heno, escriba la palabra «heno» y el símbolo correspondiente en una hoja y transfiera esa información, por ejemplo, al agua, a una manzana o a una zanahoria que el animal pueda comer.

Con los animales, no se olvide tampoco de comprobar las cargas geopáticas de las aguas freáticas, los cruces, etc., ya que los animales también descansan y duermen sobre lugares malos. (Atención: también hay animales a los que les encantan los lugares con radiaciones, como los gatos o las serpientes. No debe tampoco apartar a su gato de su lugar favorito.)

Naturalmente, también puede pintar los signos curativos directamente sobre el animal, en algún punto inflamado. Pregunte siempre durante cuánto tiempo debe dejar el símbolo.

La combinación de símbolos con los meridianos, mejor dicho, con el sistema energético del organismo funciona en animales igual de bien que en personas. Esto es así porque el cuerpo de los animales también está rodeado por un campo energético, el aura. Cuando aparecen disfunciones en el organismo, el flujo libre de energía se deteriora.

Los animales agradecen la luz, los colores y los sonidos. A las vacas, por ejemplo, les encanta el color rosa y la música clásica. ¡Dan más leche! Hay numerosos ejemplos para los que están indicados: articulaciones, músculos, inflamaciones, enfermedades respiratorias o problemas de conducta... un intento con colores y música siempre merece la pena. La regeneración del organismo (y los procesos curativos) se estimulan; las personas y los animales vuelven al centro.

Informe basado en la experiencia: Conejos enanos y cobayas

Insuficiencia renal

La dueña estaba en el veterinario con su conejo enano, porque se mostraba apático en su jaula y con las orejas caídas. El diagnóstico: insuficiencia renal. El veterinario le dio al conejo entre dos y tres días más de vida, y le aconsejó a la dueña que le durmiera.

Examiné los riñones con el tensor y obtuve una «Y» como signo a aplicar. Dado que el diagnóstico era aplastante e inútil, pinté con un rotulador negro extra grueso una «Y» de aprox. 10 cm a ambos lados del conejo. A la mañana siguiente el conejo todavía seguía vivo y se le veía fatigado, pero con mejor aspecto. Al cabo de entre tres y cuatro días se observaba una clara mejoría y en el último reconocimiento después de 12 días no quedaba rastro de la enfermedad.

Cobayas con alergia a la paja

Me llamaron para que fuese a ver a una cobaya que estornudaba constantemente y tenía los ojos rojos. El animal vivía con otras cobayas en la misma jaula, pero esta era completamente saludable. Tras realizar las pruebas de compatibilidad con el tensor se vio una incompatibilidad con la paja de la jaula. Se sustituyó la paja por serrín y el pequeño paciente fue tratado con una transferencia de información (alergia al heno y el correspondiente código de barras).

Al cabo de un día los estornudos habían desaparecido y el estado de salud era bueno.

Informe basado en la experiencia: Ayuda para plantas

Desde que la compraran hacía seis años la adelfa no había florecido nunca. Siempre estaba enferma y crecía poco a poco.

Transcurso del tratamiento: el examen de la tierra y las ramas mostró un Grado 8. Con ayuda de un libro sobre plantas averigüé que se trataba de la «araña roja». Lo primero que hice fue sacar la planta de la maceta, lavarla y ponerle tierra nueva. Corté las ramas hasta un tercio. Luego examiné las raíces y las hojas y mostraron un Grado 7.

Dado que la adelfa ahora debía hibernar, no podía regarla más. Escribí la información «araña roja» y el código de barras correspondiente en una hoja de papel de color naranja y la transferí a la tierra y a la savia de las ramas. El tiempo estimado eran tres meses. Coloqué la hoja naranja entre las ramas. Hasta primavera la adelfa respondió bien a la información. Luego, durante un mes le apliqué un código de barras más suave; esta vez el tratamiento se realizó mediante la transferencia con agua ya que la hibernación había terminado. Las nuevas hojas están sanas y la adelfa está libre de arañas. Para que se estabilizara, realicé durante una semana más la transferencia con agua con la «Y».

Agradecimientos

Llegados a este punto, nos gustaría darle las gracias a todas las buenas almas que nos han apoyado durante la gestación de este libro y, posteriormente, con sus sugerencias y ejemplo: a nuestra antigua maestra Layena Bassols Rheinfelder, a todos los autores y autoras que han enriquecido este libro con sus variados ejemplos y a Christina Baumann de *Ypsilon-Portal*, que a día de hoy sigue apoyando de manera activa este proyecto.

Gracias especialmente a Alvina M. Kreipl, que nos ha cedido generosamente sus magníficos gráficos y tablas informativas para el diseño del libro y que explican la metodología de la Nueva Homeopatía.

Por último, quisiéramos expresarle nuestro agradecimiento a nuestro editor, Raphael Mankau. Hace falta valor y coraje para atreverse a publicar en el ámbito de la salud un «método excéntrico» que utiliza el tensor y los signos geométricos para curar.

ROSWITHA STARK y PETRA NEUMAYER

Sobre las autoras

Petra Neumayer (1960) trabaja como escritora, redactora y periodista *freelance*. Ha escrito numerosos libros sobre complementos alimenticios y naturopatía. En sus talleres de tres horas de duración los interesados pueden aprender a dominar el uso del tensor.

Propuestas y citas con la autora: **www.skripthaus.com**

Roswitha Stark (1959) es naturópata y especialista en el campo de la medicina vibracional, la terapias de resonancia sensitiva y la medicina energética. Asimismo, dirige el curso de medicina informacional *Heilen mit Symbolen und Rutentechnik*. Ella trabaja con personas y animales.

Para ofertas de seminarios y acudir a consulta con la autora: **www.heilpraxis-stark.de**

Portal de «Medizin zum Aufmalen»: **www.medizin-zum-aufmalen.de**

¿Tiene usted preguntas para las autoras?
¿Sugerencias sobre el libro?
¿Experiencias que desee compartir con otras personas?

Utilice nuestro foro en internet:

www.mankau-verlag.de/forum

Bibliografía

WALTER ABRIEL
Amalgam - in aller Munde
Editorial Haug
ISBN: 978-3-776015-55-3

TARA ASSMANN
Akupaintur
Heilende Symbole zum Aufmalen für Gesundheit und Lebenskraft
Editorial Heyne
ISBN: 978-3-453-70152-6

LAYENA BASSOLS RHEINFELDER y KLAUS JÜRGEN BECKER
Heilen mit Zeichen
Edición castellana: *Símbolos que curan: introducción al método curación con símbolos: PraNeoHom®*
Gaia Ediciones, Madrid, 2015
ISBN: 978-84-8445-421-2

LAYENA BASSOLS RHEINFELDER / KLAUS JÜRGEN BECKER
Mehr Energie durch

Heilen mit Zeichen
Editorial Nymphenburger
ISBN: 978-3-485-01315-4

FARIDUN BATMANGHELIDJ
Wasser - die gesunde Lösung
VAK-Editorial
ISBN: 978-3-924077-83-9

MARCO BISCHOF
Biophotonen - das Licht in unseren Zellen
Editorial Zweitausendeins
ISBN: 978-3-86150-741-3

ACHIM ECKERT
Das heilende Tao - die Lehre der 5 Elemente
Editorial Müller & Steinicke
ISBN: 978-3-87569-201-3

MASARU EMOTO
Die Botschaft des Wassers
Koha-Editorial
ISBN: 978-3-929512-21-2

MASARU EMOTO
Wasser und die Kraft des Gebetes
Koha-Editorial
ISBN: 978-3-936862-63-8

Masaru Emoto (en Editorial Edaf)
Sanación con los cristales de agua (48 cartas de los cristales del agua)
Editorial Edaf, Madrid, 2008
ISBN: 978-84-414-2040-3

Claudia Focks
Atlas Akupunktur
Urban & Fischer
Edición castellana: *Atlas de acupuntura*
Ed. Elsevier Masson, Barcelona, 2009
ISBN: 978-84-458-1935-7

Gisela Hoffmann / Richard Ebert
Krank durch Narben
Editorial Turm
ISBN: 978-3-7999-0252-6

Dr. Frank Kinslow
Quantenheilung
Wirkt sofort - und jeder kann es lernen
Edición castellana: *La curación cuántica*
Ed. Sirio, Barcelona, 2012
ISBN 13: 978-84-7808-721-1

Dr. med. Joachim Mutter
Amalgam - Risiko für die Menschheit
Fit fürs Leben-Editorial
ISBN: 978-3-89881-522-2

WERNER JOHANNES NEUNER
Die Matrix des Bewusstseins
Editorial Antasira
ISBN: 978-3-902280-30-5

KLAUS-DIETER PLATSCH
Die fünf Wandlungsphasen
Urban & Fischer
ISBN: 978-3-437-56711-7

WILFRIED RAPPENECKER
Fünf Elemente und zwölf Meridiane
Felicitas Hübner Editorial
ISBN: 978-3-927359-09-3

RAUM & ZEIT
Special 3: Die Sprache der Natur verstehen lernen
Das Lebenswerk Erich Körblers und seine Weiterführung
Ehlers Editorial
ISBN: 978-3-934196-52-0

RUPERT SHELDRAKE
Sieben Experimente, die die Welt verändern könnten
Edición castellana: *Siete experimentos que pueden cambiar el mundo: una guía para revolucionar la ciencia*
Ediciones Paidós Ibérica, Barcelona, 1995
ISBN: 978-84-493-0132-2

RUPERT SHELDRAKE
Das Gedächtnis der Natur: Scherz Neue Wissenschaft
Edición castellana: *El renacimiento de la naturaleza: la nueva imagen de la ciencia y de Dios*
Ediciones Paidós Ibérica, Barcelona, 1994
ISBN: 978-84-493-0072-1

RUPERT SHELDRAKE
Das schöpferische Universum
Die Theorie des morphogenetischen Feldes
Ullstein Tb
ISBN: 978-3-548-35359-3

Dr. med. dent. DIRK SCHRECKENBACH
An jedem Zahn hängt immer auch ein ganzer Mensch
Pro Sanitas
ISBN: 978-3-00-011929-3

THOMAS KÜNNE / INGE SCHUBERT
Die heilende Kraft der
Planetenschwingungen
Theorie und Praxis der Phonophorese
Editorial Mankau
ISBN: 978-3-938396-63-6

O. CARL SIMONTON
Wieder gesund warden

Edición castellana: *Recuperar la salud: una apuesta por la vida*
Editorial Los Libros del Comienzo, Madrid, 2005
ISBN: 978-84-87598-09-8

HARALD KNAUSS / ROSINA SONNENSCHMIDT
Die zwölf Tore der Heilung
Editorial Homöopathie + Symbol
ISBN: 978-3-937095-07-3

ROSINA SONNENSCHMIDT
Die Sinne verfeinern
Vom verantwortlichen Umgang mit erweiterten Wahrnehmungen
AK Editorials GmbH
ISBN: 978-3-924077-91-4

ROSINA SONNENSCHMIDT
Farb-und Musiktherapie für Tiere
Editorial Sonntag
ISBN: 978-3-87758-185-8

DIETHART STELZL
Heilen mit kosmischen Symbolen
Editorial Schirner
ISBN: 978-3-89767-178-2

ALFRED A. TOMATIS
Der Klang des Lebens

Editorial Rowohlt
ISBN: 978-3-499-18791-9

BÄRBEL WESTERMANN
Biophysikalische
Informationsmedizin in Praxis und Anwendung
Editorial Bernhard Fischer
ISBN: 978-3-00-024324-0

LEONIE ZANDER
Angewandte Informationsmethode
Editorial Schirner
ISBN: 978-3-89767-388-5

Índice temático

Advertencia de la editorial

Este libro proporciona información sobre posibles técnicas, terapias y métodos preventivos, en relación con el cuidado de la salud y la autoayuda. Todo aquel que decida utilizar la información de este libro para aplicarlos lo hace bajo su responsabilidad. El objetivo de las autoras y del editor no es diagnosticar o proporcionar recomendaciones terapéuticas. Todo lo descrito en este libro no está destinado a sustituir el tratamiento médico profesional para los problemas de salud.